中国粮食安全问题研究丛书

# 中国粮食生产稳定发展路径探析

李一平　编著

中国农业出版社

**图书在版编目（CIP）数据**

中国粮食生产稳定发展路径探析 / 李一平编著. —
北京：中国农业出版社，2014.5
　ISBN 978-7-109-19039-9

　Ⅰ. ①中…　Ⅱ. ①李…　Ⅲ. ①粮食—经济发展—研究
—中国　Ⅳ. ①F326.11

中国版本图书馆 CIP 数据核字（2014）第 063573 号

中国农业出版社出版
（北京市朝阳区麦子店街 18 号楼）
（邮政编码 100125）
责任编辑　赵　刚

北京中兴印刷有限公司印刷　　新华书店北京发行所发行
2014 年 10 月第 1 版　　2014 年 10 月北京第 1 次印刷

开本：720mm×960mm　1/16　　印张：12
字数：178 千字
定价：32.00 元
（凡本版图书出现印刷、装订错误，请向出版社发行部调换）

# 总　序

　　国以民为本，民以食为天，食以粮为源。古今中外无不把"粮食"视为治国安邦、施政福民之圭臬。粮食安全问题关乎国计民生，关乎社会发展，关乎政治安定，世界各国都把粮食安全作为国家经济、政治、社会安全的重要组成部分。如何解决好粮食问题，如何确保国家粮食安全，对于我国这样一个拥有13亿人口的发展中大国而言，具有重大而深远的战略意义，更是施政安民的第一要务。

　　改革开放以来，我国农业发展取得了举世瞩目的成就，粮食综合生产能力不断增强，粮食安全保障水平不断提高。特别是进入新世纪以来，我国农业连年丰收，主要农产品供求基本平衡。自2004年以来，我国粮食生产连续十年增产，到2013年，粮食产量达到60 193.5万吨，粮食生产突破历史最高水平，人均粮食产量达到或超过世界平均水平。我们可以自豪地说，我国用占世界9%左右的耕地、6%左右的淡水，养活了占世界20%左右的人口，为在全球范围内消除饥饿与贫困做出了巨大贡献。

　　我们还要清醒地看到，随着工业化和城镇化的深入发展，市场化和全球化程度的加深，实现粮食供求平衡的压力加大，保障国家粮食安全的任务艰巨。从中长期看，我国人多地少的现实难以改变，人增地减的趋势难以扭转，淡水资源短缺、地区分布不平衡的形势更加严峻；随着经济社会的发展、人们生活水平的提高、人口数量的增加、膳食结构的改变、粮食加工业的发展，粮食供求关系日益趋紧；国际粮食供求形势不容乐观，粮食价格波动剧烈，粮食市场跌宕起伏，对我国粮食供求和价格都将产生深刻影响。总的来看，我国粮食供求偏紧将成为一种常态，保障粮食安全的诸多隐忧更值得警惕和深思。

中共十八大报告明确提出，要加快发展现代农业，确保国家粮食安全和重要农产品有效供给。2013年12月召开的中央经济工作会议强调指出，要把切实保障国家粮食安全，作为经济工作的首要任务。2014年中央1号文件又进一步明确提出，要抓紧构建和实施以我为主、立足国内、确保产能、适度进口、科技支撑的国家粮食安全战略。要不断提升农业综合生产能力，确保谷物基本自给、口粮绝对安全。要更加积极地利用国际农产品市场和农业资源，有效调剂和补充国内粮食供给。要在重视粮食数量的同时，更加注重品质和质量安全；要在保障当期供给的同时，更加注重农业可持续发展。

为深入贯彻落实中共十八大、中央经济工作会议和2014年中央1号文件精神，全面系统地研究我国粮食安全的现状与未来，中国农业出版社组织国内权威专家编写了《中国粮食安全问题研究丛书》。粮食安全问题是一个十分复杂的问题，既涉及国内又涉及国外，既有生产问题又有流通问题，既有发展问题又有改革问题，既是经济问题又是政治问题，既有实践问题又有理论问题，需要各方面开展深入研究并进一步形成共识。该丛书共分12册，主要内容包括：粮食供求形势分析、粮食生产经营主体、粮食市场流通、粮食产业链和供应链、粮食安全预警机制、粮食主产区发展、粮食期货市场、粮食国际贸易等。该丛书立足中国国情，联系国际市场，紧扣粮食安全主题，从多角度、多方面深入分析研究有关粮食安全的影响因素，既注重理论分析，又有实证分析，并提出了很多有针对性的政策建议。该丛书作者均为粮食问题研究领域的权威专家学者，书中的很多观点和看法具有一定的创新性和前瞻性，不仅具有较高的理论价值，而且具有较强的应用价值。

该丛书是2013年中央农村工作会议后国内推出的首套全面系统介绍我国粮食安全问题的系列丛书。该丛书的出版对于增强我国粮食综合生产能力，确保国家粮食安全，加快粮食主产区发展，促进农民增加收入，推进农业现代化具有十分重要的现实意义。该丛书对于我们把握当前我国粮食安全的状况与特点，分析新形势下我国粮食安全面临的问题和挑战，研究解决我国粮食安全问题的对策和措施具有积极的推动作用。该丛书既可以作为我国农业战线广大干部职工和科技工作者学习和研究我国粮食安全问题的参考资料，又可以为政府有关部门制定完善我国粮食安全战略和保障国家粮食安全政策措施提供借鉴。

　　我国粮食安全问题不仅是一个现实性的热点问题，更是一个需要长期关注的重点问题。随着经济社会的发展，粮食安全问题的研究范围也在不断拓宽和深化，比如粮食价格形成机制和市场调控问题、粮食品种质量和食品安全问题、实现高产高效与资源生态永续利用问题等。希望社会各界有识之士继续关注粮食安全问题，深入研究粮食安全问题，积极探索解决粮食安全问题的有效途径和办法，为切实保障中国人的粮食安全做出更大的贡献。

宋洪远

2014 年 5 月 13 日

# 序

  当前我国农业正经历着一系列重大而深刻的变化：由于工业化、城镇化的全面推进，大量青壮年劳动力从田间走进车间，从农村走向城市，加上老龄化时代的到来，造成务农人数不断减少，农田抛荒面积大幅增加，给国家粮食安全带来较大隐患。

  在这一新形势下，农业增长方式转变和农业发展转型显得越来越迫切。但由于我国人均耕地面积极小，且高度分散，加上现行土地制度对耕地所有权的固化，导致各地规模经营长期发展缓慢，种粮比较效益严重偏低，农民种粮积极性受到极大抑制。而地方各级政府对粮食生产大多习惯于层层下指标、分任务、办样板，对"农民为什么不愿种粮""未来谁来种粮"以及"如何种粮"等问题缺乏深入思考，人云亦云，导致在扶持粮食生产发展、培育新型农业经营主体、推进现代规模农业发展等方面，缺乏切实可行的政策措施和应有的工作力度。有的虽有思考，却严重脱离生产实际，甚至把理论和实践反复证明是错误的东西也当成真理来主张。如有的主张土地私有化，有的主张涉农公司长时间大面积承包耕地，走公司制道路；有的主张重回计划经济老路或由政府为小农包办生产、生活服务，结果好心办了"坏事"，花了纳税人的钱，却并没有达到应有的效果。

  对未来中国应如何稳定发展粮食生产的问题，可谓仁者见仁，智者见智。李一平调研员结合自己的本职工作，在深入调查研究和参考大量国内外文献资料的基础上，对中国现代农业特别是粮食生产稳定发展的路径进行了深入学习、思考和研究，形成了自己独立的思想和见解。他认为在中国人多地少和农村土地集体所有制条件下，靠大面积集中耕地，走美国式大规模机械化农业的道路是不切实际的，照搬日、韩等东亚国家和我国台湾地区的小规模兼业农业道路也是难以为继的。比较可行的途径是"职业农民＋家庭农场＋专业化服务＋机械化生产"，这是当前和今后很长一段时期内中国粮食稳定发展的核心路径。并提出走好这条核心路径的八条保障措施，即：培育新型职业农民、推进耕地有序流转、拓展农业生产服务、完善农业基础设施、促进城乡金融合作、加强农业政策保险、优化农业市场调控、强化农业财政补贴。

本书内容新颖，观点独到，紧紧抓住了中国粮食生产稳定发展的核心问题和关键环节，提出的措施切实可行，对推进我国现代粮食生产发展具有较强的理论与现实指导意义，对从事"三农"工作的同志亦有较强的借鉴参考价值。

鉴于上述，我非常乐意为本书作序，并希望有更多的有识之士，投身到粮食生产的研究与实践工作中来，为我国"三农"事业的发展增色添彩，做出自己应有的贡献。

袁隆平

2013 年 11 月 7 日

（袁隆平系"杂交水稻之父"、中国工程院院士、国家杂交水稻工程技术研究中心主任）

# 目　　录

# 引　言

　　笔者因工作需要，经常要去农村开展工作调研和督导，有几年还专门住在产粮大县的农户家里蹲点，创办水稻高产示范样板和开展民情调研等。每到一地，我都能亲身感受到：如今的农村，已经难觅青壮劳力。他们家家户户都或多或少有人在外打工。打工地点远至沿海等经济发达地区，近的就在当地县城、乡镇或开发区。且外出打工人口以青壮年为主，全家团聚的时间仅限于清明节、春节等几个屈指可数的节日。许多家庭只留下60岁以上的老人和尚未成年的孩子。在家的老人不仅要帮着儿女带孩子，还要耕种为数不多的几亩农田以糊口。

　　地处大湘西的湖南省邵阳市新宁县马头桥镇炉山村是笔者供职单位开展"机关支部联基层"活动的联系点。该村支部书记王军华说："现在守在家中种田的年轻人越来越少了，对于农活，他们不仅不会，更不愿意干。村里种

湖南省新宁县马头桥镇炉山村支部书记王军华（前排右三）
与部分留守老人坚守着全村800多亩农田（李一平摄）

田的基本都是 50 岁以上的老人，有些甚至是 70、80 多岁的老人，只要能动，都要下地种田。村里有位参加过抗美援朝的退伍老兵 81 岁了，还种着几亩田呢。不种不行啊，总不能让田荒芜吧。"

种地是农民的天职。但如今，伴随着城市化的扩张以及工业文明的冲击，一辈子面朝黄土背朝天的中国农民开始放弃耕种，纷纷奔赴城市而去，这既是农民自己的选择，也是城市化、工业化发展的必然。但无人愿意种田的严峻现实却给中国粮食安全带来了严重的隐患。

法国社会学家孟德拉斯 1967 年在《农民的终结》一书里指出："20 亿农民站在工业文明的入口处。这是 20 世纪下半叶的当今世界，向社会科学提出的主要问题。"

如今，依然需要我们来回答：处在农业现代化十字路口的中国，当再过 10 年、20 年，这些老者已逝，谁来种粮呢？

# 第一章 农民不愿种粮：中国 农业不能承受之重

## 一、中央高层频频关注"三农"

中共十八大以来，中央高层密集调研产粮区，体现出中共中央领导对"三农"工作一贯的关心和高度重视。

2013年7月22日，习近平总书记来到产粮大省湖北省的鄂州市鄂城区杜山镇东港村水稻育种基地，拔起一株禾苗察看分蘖情况，夸奖"很壮实"，同时指出："粮食安全要靠自己。"同年3月27—29日，李克强总理先后到江苏、上海开始他就任总理后的首次调研。他来到常熟市田娘家庭农场，走进田间察看麦苗长势，详细询问家庭农场运营情况。他说，"春耕农时不可误，粮足天下安，要抓紧落实好各项支农措施。""通过股份合作、家庭农场、专业合作等多种形式发展现代农业是大方向，要因地制宜，尊重农民意愿，保护农民权益，发展适度规模经营。"调研后回京不久，他即主持召开了国务院常务会议，专题部署开展现代农业综合配套改革试验工作。同年7月26日，汪洋副总理率农业部、财政部等部委领导，来到中国产粮大县——吉林省农安县合隆镇陈家店村考察调研。他顶着烈日深入田间地头，仔细察看玉米长势，详细询问示范田产量、示范推广面积、病虫害防治等情况。并指出，"要加快农业科技创新和成果转化步伐，以农业科技的进步带动粮食增产、农业增效、农民增收。要在充分保证农民利益前提下，积极探索切实有效的土地流转方式方法，通过规模经营，释放农村土地和劳动力资源的活力，推动农业机械化生产和农业现代化进程。"他反复叮嘱村里的农民要继续加强田间后期管理，争取全年有个好收成。

2013年11月12日中共十八届三中全会通过的《中共中央关于全面深化改革若干重大问题的决定》指出："必须健全体制机制，形成以工促农、以城带乡、工农互惠、城乡一体的新型工农城乡关系，让广大农民平等参与现代化进程、共同分享现代化成果。"同年 12 月 10 日至 13 日和 23 日至 24 日，中央经济工作会议、中央城镇化工作会议和中央农村工作会议先后密集召开，习近平总书记等 7 名中共中央政治局常委悉数到会，把"三农"工作特别是粮食生产以及"农业转移人口市民化"摆在了重中之重的位置。

中央高层领导为何频频关注"三农"？因为，民以食为天，农业是人类社会赖以生存发展的基础产业，粮食安全与能源安全、金融安全并称为当今世界三大经济安全。农业兴，天下安，民心稳。抓好农业生产，对国家发展全局具有决定性作用。尤其是在中国这个 13 亿国民、7 亿多农民的国家，农业从来就不是单纯的经济学命题，更有其社会学含义。农业负责提供的也不仅是食物，还有农村发展的机会和农民应该享受的国民待遇。

近年来，我国各地面对极端天气频繁发生、农业成本快速上升、稳定物价任务艰巨的严峻考验，农业农村依然保持强劲发展势头，粮食产量实现历史罕见的"十连丰"，农民增收实现"十连快"，为保障和改善民生、维护社会和谐稳定大局作出了重大贡献。但不可否认，当前越是形势好，越容易出现麻痹松懈；越是连年增产增收，越容易出现滑坡拐点。正如 2012 年中央农村工作会议指出的，"农业生产的自身特点决定着要在高基数高水平上避免出现徘徊反复、争取百尺竿头更进一步，难度极大；要在高成本高风险下继续提高农业效益、调动农民积极性，约束极多；要在高增长高要求中不断增进农民福祉、让农民更多分享发展成果，任务极重。"在当前我国面临国内外更为复杂严峻的经济形势下，要保持经济平稳较快发展、保持物价总水平基本稳定、保持社会和谐稳定，实现"稳中求进"的目标，一个重要的前提就是农业生产不能出现任何闪失，主要农产品供给不能出现任何问题。

因此，研究、抓好农业工作，稳定发展农业生产，确保粮食等农产品持久有效供给，对营造良好氛围、推动全局工作、赢得战略主动至关重要。

## 二、"三农"的真正危机

"三农"的焦点问题是农业。农业的核心问题是粮食。粮食的关键是口粮。新中国成立以来的 60 多年，我国粮食产量由 1 亿多吨增加到 6 亿多吨，人均粮食占有量由 200 千克增加到 400 多千克；肉蛋奶、水产品、蔬菜、水果等生产和供应丰富多彩；农民人均纯收入由 44 元提高到 7 000 多元，农村贫困人口大幅减少，农民生活质量明显改善。中国以占世界不到 7% 的耕地养活了世界近 21% 的人口。2013 年，中国粮食总产量超过 6 亿吨，实现了自 2004 年以来"十连丰"。除了大豆有较大缺口、需要进口弥补以外，小麦、稻谷、玉米三大品种的产需都实现了基本平衡，这不但有效地稳定了国内粮食市场价格，也为保障世界粮食安全作出了重大贡献。但随着我国工业化和城镇化的推进，我国粮食生产仍然面临着诸多不确定性。

**（一）由于受种粮比较效益低的影响，农民普遍出现厌农离农倾向**

虽然近年由于各级政府行政推动力度加大，粮食播种面积减少的趋势有所遏制，但耕地抛荒、"双改单"现象仍然十分严重，尤以南方双季稻地区更为突出，粮食生产能否持续稳定发展值得担忧。据湖南省第一产粮大县宁乡县农业局 2012 年对全县 100 个村 1 000 户农户调查，目前粮食生产中有"三个 60%"和"两个 70%"现象，即：从业人员 50 岁以上的占 63%（其余 30 岁到 49 岁的占 25.3%，20 到 29 岁的仅占 3.5%），女性占 65.7%（男性仅占 34.3%），初中文化程度的占 67.7%（其余小学文化占 17.2%、高中及以上学历占 15.1%）；转移出去的农民工中，"80 后"、"90 后"的青壮年劳动力占 70% 以上，他们中不愿意再回乡务农的占 70% 以上。

笔者曾于 2013 年 3 月对湘潭市 30 名村长和农户进行调查，15.1% 的被访者表示将减少粮食种植面积，仅 3.5% 的被访者表示将增加种粮面积。同年 8 月，中国乡村建设研究院对湖南 119 个样本村进行调研，得出类似结论：平均每个村旱地抛荒 27.83 亩[①]，水田抛荒 12.8 亩。而且以上面积均为全抛，即全年一季作物都不种植。如果加上半抛（指"双季稻改一季稻"），则抛荒面积更大。

事实上，笔者这几年因察看病虫灾害的需要，经常深入偏远或交通不便的农村实地勘查作物生长情况，沿途总能看到一些较大面积的撂荒或"双改单"现象，且这种现象在双季稻地区逐渐扩散蔓延。

有的专家学者特别是北方的同志，因为对南方农村缺乏感性认识，认为少量抛荒除了对短期粮食产量有影响外，并没有什么大问题。其实，南方的耕地和北方的耕地是不一样的。比如湖南这样的地区，多属丘陵山地，农田

---

① 亩为非法定计量单位，1 亩＝1/15 公顷。——编者注

普遍有很高且不很坚固的田埂。田有人种，田埂就能经常得到修葺，如果是抛荒几年，无人修葺，田埂就会垮塌，蓄不住水，也就没法种庄稼了。要想再种，需要重新修整，而那是个很麻烦的事情，增加成本不说，光是协调组织工作就很麻烦。因此，农田抛荒增加的现象是一个危险的信号：一旦农民种粮意愿持续下降，不断减少种植面积，粮价一旦上涨并引发农民惜售，后果将十分严重，粮价极有可能成为未来通胀的导火索。

　　而这正是中国"三农"的真正危机所在。

耕地抛荒、"双改单"现象已经在我国南方
双季稻地区开始扩散蔓延（李一平摄）

### （二）由于我国"人增地减"趋势的加剧和各种自然灾害的影响，导致粮食高产稳产的难度极大

　　由于中国人口总量仍保持惯性增长势头，2011年，中国人口增加至13.47亿，比2000年增加了近8 000万人，至2020年，中国人口将达14.3亿。人口绝对量增长直接增加了粮食消费。而城市人口的增长则导致粮食间接消耗量的增长。2012年，中国城镇化率达到52.6%，比2000年提高了16.3个百分点，城镇人口增加了2.4亿。由于城镇人口膳食结构一般以动物食品为主，虽然口粮消费少于农村人，但肉、蛋、奶等需要粮食转化的食物消费高于农村人，据统计，从2001年至2011年，我国的人均瘦肉消费量增长了20%，禽蛋增长21%，禽肉增长37%，牛奶增长223%，而这些食物需要消耗更多的粮食，如2千克饲料才能转化为1千克鸡蛋、3千克多粮

食才能转化为 1 千克猪肉、8～10 千克饲料才能转化为 1 千克牛肉，因此，对粮食的需求更大。据国务院发展研究中心预测，到 2020 年，按 14.3 亿人口、人均消费 409～414 千克计算，中国粮食需求总量将达到 5.85 亿～5.92 亿吨。尽管 2013 年中国粮食总产量达到了 6 亿吨，但按照中国目前实际稳定的粮食生产能力计算，也就是在 5.4 亿吨左右。因此，届时国内主粮的供给缺口仍将在 4 000 万～5 000 万吨。尤其是作为主要粮食作物的水稻，世界上一半以上的人口以稻米为主食，中国更是高达 60% 以上。国际水稻研究所所长齐格勒估计，目前每公顷稻田可提供 27 人的口粮，到 2050 年，每公顷稻田必须提供 43 人的口粮才能满足需要。也就是说，水稻的单产要在现有的基础上提高 60%，才能满足需求。

但由于中国目前的耕地、水资源和粮食播种面积都在逐年减少，要达到以上粮食产量难度极大。据国土资源部提供的一份报告显示，虽然中央政府高层一直宣称要守住 18 亿亩耕地红线，但近年来随着房地产开发、城市建设以及大量高速公路、高铁、物流园、工业园等基础设施建设，占用了大量耕地，1998—2006 年间我国耕地以约 1 300 万亩/年的速度减少，9 年共减少 1.18 亿亩，相当于减少了 2 个湖南省的耕地面积；至 2007 年耕地总面积为 18.26 亿亩，直逼 18 亿亩警戒线。据第二次全国土地调查结果显示，

农业科研人员在开展粮食高产攻关试验研究

（郑和斌供图）

2012 年底，全国耕地数量虽有所回升，达 20.27 亿亩，比 2007 年多出 2 亿亩，但增加的耕地多为腾出的宅基地和新开垦的荒地等，基本不适宜耕种。目前，我国适宜稳定利用的耕地也就是 18 亿亩多。人均耕地面积已由 1996 年的 1.59 亩降为 2012 年的 1.39 亩，仅相当于世界平均水平 3.38 亩的 41%，约相当于越南、韩国的 1/2，印度的 1/3，日本的 1/12，英国的近 1/60，美国的 1/300。

中国现实可利用的淡水资源量则更少，人均和亩均水资源量只有 2 100 立方米和 1 400 立方米，仅为世界平均水平的 28% 和 50%。而且分布还具有南北方的巨大不平衡性，北方农业主产区水资源普遍严重不足。据中国工程院预测，在不增加灌溉用水的情况下，2030 年，我国农业用水缺口将达 500 亿～700 亿立方米，这将对中国的农业生产产生巨大影响。

气候变化和病虫害对粮食生产的影响也不容忽视。据统计，中国因气象灾害和病虫生物灾害年均损失粮食在 5 000 万吨左右，相当于每年产量的 1/10。特别是近年来，由于全球气候变暖所导致的极端天气趋于频繁，水稻稻飞虱、稻纵卷叶螟、纹枯病、玉米二代黏虫、小麦条锈病等病虫害发生频次增加，发生面积扩大，加剧了农业生产的不稳定性。

以上因素将导致粮食播种面积、单产和总产量增加的难度极大，最终使中国本已偏紧的粮食产需形势在相当一段时期内将更趋严峻。

**（三）粮食生产面临的资源环境压力在加大**

中国粮食生产取得了世人瞩目的成就，即用全球 7% 的耕地，养活了约占全球 20% 的人口。但代价是消耗了全球 35% 的氮肥和农药、70% 的可用水资源，2～3 倍于欧美的花费和农药使用量，数倍于传统种子的工业种子。

中国农业大学资环学院课题研究组的数据表明（2010 年），过去 8 年，我国粮食单产几乎没有显著增长，但每亩化肥施用量却增长了近 40%，化肥施用量相当于美国、印度的总和，亩均施用量是美国的 3 倍多，每千克化肥生产的粮食不足 19 千克，而且这一生产效率正在以每年 1 千克的速度下降。化肥增长对粮食增产的贡献率降低到 10% 左右。

同时，农业生产消耗了国内用水量的 70% 左右，许多灌溉系统 60% 以上的水被浪费。而在华北平原，地下水资源已遭到严重损毁，因过量采集地下水而形成的"漏斗"区域面积不断扩大，加上干旱、洪涝等自然灾害的影响，中国粮食生产效率停滞不前，资源消耗透支接近极限。

2010 年以来，中国每年农药使用总量以折百计约 30 万吨以上，其中杀虫剂约占 40%，除草剂约占 30%，杀菌剂约占 25%，植物生长调节剂约占 5%。农药使用量超过耕地比我国多 1 倍的美国，加上千家万户小农户使用农药的不规范，造成农产品中农药残留超标现象仍然比较严重。

2010 年，我国良种覆盖率已达 95% 以上，良种对粮食增产的贡献率达 40%。作为世界第二大种子需求国，中国对种业非常重视，将种业提高到基础性、战略性核心产业的地位。《全国现代农作物种业发展规划（2012—2020 年）》已经出台，这是新中国成立以来首次对现代种业发展进行全面规划，相信会对国内种业发展起到重要推动作用。但目前中国的种子工业除了杂交水稻外，基本没有话语权。来自国际种业巨头的竞争压力非常大，它们的整体实力和集中度非常高。比如美国前十大种业公司就占到全球市场份额的 70%，而中国前十大种业公司在国内市场的份额只占 10% 左右，在全球只占 0.8%。与此同时，很多国家都开展了超级杂交水稻的研究，国际种业巨头也在纷纷进入杂交水稻领域。因此，我国的粮食种子形势也不容乐观。

**（四）国外资本伺机进驻我国粮食产业，争夺粮食话语权，对我国粮食产业安全构成巨大威胁**

虽然中国目前主要粮食供求尚处于紧平衡状态，但大豆、棉花、植物油、食糖等部分农产品高度依赖进口。而且自 2011 年开始，三大主粮（小麦、水稻、玉米）全面出现净进口，尽管自给率均在 97% 左右，但已突破农业部之前确定的"主粮 100% 自给"的目标。目前，中国农产品进口额由 2000 年的 112.7 亿美元增长到 2011 年的 948.9 亿美元，增加了 7.4 倍，排名世界第二，贸易逆差为 341.2 亿美元，且自 2004 年以来一直保持贸易逆差。2009 年之后，中国粮食进口量持续大于出口量且呈上升态势，2013 年粮食净进口量达 7 500 万吨，是历史上粮食净进口量最多的一年。其中，谷物净进口接近 1 500 万吨，大豆净进口突破 6 000 万吨。由此说明，包括大豆在内的中国粮食自给率已经下降到 90% 以下。其中植物油自给率仅 30%，谷物自给率下降为 97%。虽然该自给率尚不致于对中国粮食安全造成严重影响，但这是一个不祥的信号，说明中国维持了几十年的粮食自给自足神话已被打破。

从玉米、小麦、稻米进口量所发生的巨变让人不禁想到了大豆的命运。同样是从自给自足到放开进口，最终丧失了市场话语权。在 1995 年以前，中国一直是大豆净出口国，2000 年开始，美国靠巨额财政补贴生产的大豆进入中国市场。2004 年，低价进口大豆开始横行国内市场，众多内资豆油压榨企业陷入困境，美国粮商趁机低价收购、参股多家国内食用油压榨企业，中国的大豆市场由此受制于美国资本。更为严重的是，中国大豆产业从此一蹶不振，甚至难以为继。目前，中国大豆产量已由原来的世界第 1 位，退居为继美国、巴西和阿根廷之后的世界第 4 位，大豆自给率由超过 100% 降到不足 20%。

如果说中国大豆的溃败仅仅导致了食用油市场被美国的粮商掌控，而小麦、大米和玉米不仅是粮食和部分牲畜的饲料，更关乎中国 13 亿人口的粮食安全。如果中国三大主粮进口数量持续增多，一旦国际粮食市场价格有个风吹草动，国内主粮价格、饲料价格、农产品以及工业品价格都会随之波动。从这个角度来看，这是一场中国输不起的粮食战争。

难怪有专家预言，"粮食，在未来十年它是中国的重要国家战略，在资本市场，它就是下一个石油。"

值得欣慰的是，中国在 2013 年中央经济工作会议、中央农村工作会议和 2014 年中央 1 号文件中均明确提出了"以我为主、立足国内、确保安全、适度进口、科技支撑"的最新国家粮食安全战略，把"谷物基本自给、口粮绝对安全"作为粮食生产的基本目标，预示着我国的粮食生产特别是水稻、小麦、玉米三大主要粮食作物将受到更大重视，必将有一个新的更大发展。

### 三、全球粮食供需格局发生逆转

有人认为，虽然我国粮食进口增长迅猛，但对粮食生产安全并不构成影响。因为国际市场粮食供过于求，我国的粮食缺口完全可以从国际市场解决。实际情况如何呢？

事实上，世界粮食安全形势日趋复杂和严峻，粮食安全版图正在发生深刻变化。生物能源大规模消耗粮食，是当前全球粮食供需格局出现转折性变化的主因。近年来石油价格高企，推动生物能源快速发展，大幅度增加了对玉米、食糖、油菜籽及大豆等原料的需求，改变了长期以来全球粮食过剩局面。据统计，近 5 年全球玉米消费年均增加 3.3%，其中，燃料乙醇消耗的玉米占 70% 以上。美国于 2002 年开始大规模发展生物能源，到 2010 年，其燃料乙醇消耗的玉米达 1.28 亿吨，相当于美国玉米产量的 41% 以及全球玉米产量的 25%。与此同时，巴西 50% 的甘蔗生产用于燃料乙醇，全球 20% 的豆油、东南亚 30% 的棕榈油、全球 20% 及欧盟 65% 的菜籽油均用于生产生物柴油，这都加剧了全球食糖与植物油市场的波动。若不计燃料乙醇所消耗的玉米，全球谷物消费年均增长只有 1.1%，略低于同期 1.2% 的人口增长水平，全球粮食供需形势本不致如此紧张。

此外，新兴市场国家经济快速增长，消费结构不断升级，推动粮食需求持续增长，也逐步改变了全球粮食供需格局，例如印度已成为全球第一大棕榈油进口国和食糖进口国。

气候变化、极端天气频繁，也直接影响了全球粮食的有效供给。目前全球粮食生产主要集中在北美、南美等人少地多、农业资源丰富的地区，粮食产量占世界总量的 26.2%，粮食出口量占世界粮食出口总量的 55%。而亚洲与非洲多年来粮食供应紧张，每年进口的粮食相当于世界进口总量的 70% 以上。在全球变暖、自然灾害频发背景下，全球粮食新增的供给与出口更加集中于少数国家，全球粮食供给和价格体系更加脆弱。特别是，粮食主产国的任何灾害性天气都会导致粮食生产的大幅度波动，既对全球粮食市场产生深刻影响，也直接影响缺粮国的粮食安全。目前全球每年谷物的正常贸易量约为 3 亿吨，仅相当于我国谷物年消费量的一半左右，而全球还有 8 亿多人处于饥饿状态。而且，全球谷物贸易量的 80% 掌握在美国爱大米、美国邦吉、美国嘉吉和法国路易达孚（简称 A、B、C、D）四大跨国粮商手中，并不是谁想买就能买到的，很明显依赖进口很容易受制于人。

国际金融危机发生后，美国等采取宽松货币政策，增加全球通胀风险，也是导致全球粮价大幅上涨的重要因素。另外，随着粮食"能源化""金融化"趋势日益增强，粮价和石油价格联动的趋势更加明显，与美元汇率波动的联系更加密切，受投机资本炒作的影响更加突出，国际市场粮价波动将更趋剧烈。正如世界粮食计划署官员指出的，粮价上涨引发的是"无声的海啸"，不仅直接影响到全球近 1 亿多人的生计和 8 亿多人的吃饭问题，而且有可能导致严重的政治危机，威胁到发展中国家的经济发展与社会稳定。

多年来，由于发达国家高额补贴农业，严重扭曲了国际农产品市场，使许多发展中国家过度依赖发达国家提供的低价粮食，在农业发展战略上出现严重失误，忽略了对农业发展的投资，导致农业生产率下降，没有从根本上解决粮食安全保障问题。一旦主产国粮食减产，发生全球性粮食价格波动，缺粮的发展中国家就会陷入严重危机和饥荒。历史的教训十分深刻。

因此，广大发展中国家必须高度重视粮食生产，积极发挥政策和投资作用，尤其在全球气候变化背景下要重视提高小农户生产效率，努力加强粮食综合生产能力建设，全面提升自身粮食安全保障能力。这是当今"人口爆炸"大背景下各国稳定发展所面临的必然选择。

# 第二章 收益低、劳动苦、保障差：农民不愿种粮的三大主因

## 一、国家十一部委宣布：农业进入高成本时代

2012年2月27日，农业部会同发改委等十一个部委在北京召开"全国粮食稳定增产行动协调指导小组会议"，共商粮食稳定增产大计。农业部部长韩长赋表示，"农业生产进入高成本阶段。据水稻主产区反映，2011年人工成本比上年上涨了25%，化肥投入增长了17%。2012年人工成本和化肥将进一步上涨，农业生产正在进入高成本阶段。"

事实上，我国自2004年以来，就开始进入高成本时代，特别是2008年下半年以来，物价大幅度上涨，农产品几乎全面涨价，引起社会强烈反响。"蒜你狠""豆你玩""玉米疯""糖高宗"等网络热词迅速蹿红，成为近年来中国最引人关注的经济现象和民生话题。2004年以来，我国农产品价格启动了新一轮上涨行情。这种在粮食产量连续多年增产，主要农产品供求基本平衡条件下出现的价格持续上涨，意味着我国粮食和农业生产已开始步入高成本时代。突出表现在两个方面：

### （一）总成本明显增加

根据国家发展改革委员会《全国农产品成本收益资料汇编》数据，2011年与2007年比较，我国农产品生产者价格指数增长了43.9%，而同期小麦、玉米、稻谷三种粮食亩均生产成本提高了64.5%，大豆、花生、油菜籽亩均生产成本提高了68.1%，棉花亩均生产成本提高了63.4%，养猪成本每头提高了47.9%，大中城市蔬菜亩均生产成本提高了41.7%。2003—2009年，我国生产的稻谷、小麦和玉米三种粮食生产投入要素中，种子和化肥代表的可变投入物单位价格以及雇工工价和土地租金价格等上涨幅度较大，最低涨幅接近90%，最高涨幅大约185%。其中，三种粮食种子平均价格由2.6元/千克上升到5.1元/千克，上涨了95.0%；化肥价格由2.9元/

千克上升到 5.4 元/千克，上涨了 88.5%；雇工工价由 18.8 元/日上升到 53.7 元/日，上涨了 185.6%，接近翻一番；土地流转租金由 791.0 元/公顷上升到 1 719.3 元/公顷，上涨了 117.4%。

总成本增加的主要原因是石油等原材料价格上涨，导致农资价格居高不下且持续攀升。国际原油价格自 1999 年以来上涨了 9 倍。铁矿石价格自 2003 年以来也是连续 6 年大幅上涨，而我国 50% 的原油、90% 的硫黄、70% 的钾肥依靠进口。高油价向下游传导，必然导致柴油、化肥、农药、农膜等农资价格上涨。2007 年与 2003 年相比，全国农资价格总水平上涨 36%，2008 年上半年同比上涨 20.7%，其中 6 月上涨 24.4%。2000—2010 年，农业生产资料（总体）、化肥和饲料价格分别又上涨了 59.6%、63.2% 和 83.3%。据有关部门测算，仅农资价格上涨，每亩粮食生产成本就比上年增加 95 元。而能源原材料价格高位运行具有持续性。2011 年企业几乎所有的原料都开始大幅上涨，磷矿石较 2010 年同期涨了 200 元达到 600 多元（吨价，下同），煤由 850 元涨到 1 600 元，而且采购很难，因为国家对小煤窑的治理，煤炭供应已越来越紧张。氯化钾主要是从以色列进口，涨到 2 800 多元。还有其他原料如合成氨涨到 3 000 多元，硫黄几乎是 2010 年同期的 3 倍以上，磷矿石由 2010 年同期的 460 元涨到了 2011 年的 630 元。

## （二）成本构成发生明显变化

随着城市化和老龄化速度加快，现代生产要素越来越广泛地渗透到农业生产领域，农业生产呈现三大特点：

一是石化工业品投入明显加快，农业越来越依赖石油、机械、化学工业品的投入。2007 年每亩粮食化肥支出 91 元，比 2003 年增加 33 元，年均增长 12%，2012 年达到 126 元，增长 38%；化肥支出占总成本的比重由 2003 年的 15% 上升到 2007 年的 20% 左右；农机作业费用也由 2003 年的 24 元上升到 2007 年的 55 元，年均增长 22.9%。从第二次全国农业普查数据看，2006 年末全国机耕面积占耕地总面积的 59.9%，比 10 年前提高 17.8 个百分点；机播面积占 32.6%，提高 16.4 个百分点；机收面积占 24.9%，提高 12.9 个百分点；农用化肥施用量比 10 年前增长 30% 以上。2007 年仅化肥、机械作业两项费用就占到粮食生产总成本的 30% 以上，占物化成本的 60% 以上，说明"石油农业"正悄然而至。

二是土地流转现象增多，使得土地成本比重提高。近 10 年来，土地成本年均增长 8.1%，所占的比重由 10 年前的 9% 上升到现在的 17%。粮食流转地租金上涨了 78%，经济作物承包地流转费用更高。2010 年价格相对较高的耕地租金一般为每亩 600 元，而 2011 年至 2013 年底已经上升到 800 元，一些地方超过了 1 000 元。在北京郊区，一亩地年租金超过 1 万元，昔日的稻田已变为菜地；在海南，一亩水稻制种田租金达 2 000 多元；在水稻大省湖南，一亩稻田年租金已涨至 500～1 000 元，在城市郊区，租金更是高达 2 000～3 000 元；在陕西，一亩麦田年租金已超过 500 元。

三是劳动力成本明显增加。据农产品成本调查，近三年雇工工价上涨了 61%，廉价劳动力优势开始下降。笔者在一些农村调查中了解到，农忙季节雇工日工资超过了 120 元，个别的甚至超过 200 元。分析劳动力成本上涨的原因，主要是供求关系发生了变化。过去是劳动力近于无限供给，自 2004 年开始则出现了劳动力结构性紧缺。而劳动力紧缺的原因主要有四个方面：

一是老龄化。根据第二次全国人口普查数据，我国是全球唯一的老年人口过亿的国家，2010 年我国 60 岁以上老年人已经达到 1.78 亿，占全球老

许多家庭只留下 60 岁以上的老人和尚未成年的孩子。在家的老人不仅要帮着儿女带孩子，还要耕种为数不多的几亩农田以糊口。图为湖南省株洲县某村在家务农老人正在田间劳作（李一平摄）

年人口的 23.6%。这意味着全球 1/4 的老龄人口集中在中国。老龄化意味着人口老年负担系数不断提高，也同时意味着劳动投入的减少。专家预测，我国15～59 岁劳动年龄人口总量将从 2010 年的 9.7 亿减少到 2050 年的 8.7 亿。其中减少的拐点将发生在 2015 年，届时将从 9.98 亿的峰值开始逐年下滑，年均减少 366 万。2030 年以后，我国的劳动力供给将出现严重不足。

正在抛栽早稻的老农（李一平摄）

二是城市化。十六大以来，中国城镇化发展迅速，2002—2011 年，中国城镇化率以平均每年 1.35 个百分点的速度发展，城镇人口平均每年增长 2 096 万人。2011 年，城镇人口比重达到 51.27%，比 2002 年上升了 12.18 个百分点，城镇人口为 69 079 万人，比 2002 年增加了 18 867 万人；乡村人口 65 656 万人，减少了 12 585 万人。

三是新型工业化。需要大批有知识、有技术的高素质劳动力，而这些劳动力需要进行培训等，培训所增加的费用无形中提高了劳动力成本。

四是大量基础设施建设。如高铁、地铁、高速公路、机场、码头、市场等，吸纳了大量农民工。

由于在农产品生产成本中，人工成本占比较高，因此，劳动力成本上涨对农业的影响最大，对通胀的影响也更多是通过农产品涨价表现出来，而服务、工业品价格中劳动力成本涨价因素对通胀影响较小。

2012年2月8日，元宵节刚过，浙江义乌连续出现了数千企业摆摊招工的景象。不少企业把福利搬上招工简章，以吸引更多求职者应聘（引自《新京报》，储永志摄）

# 农村出现"用工荒"

广西凭祥市夏石镇榴利村村民苏端荣家种了100多亩甘蔗，年初的大旱没有难倒这位老蔗农，但是砍甘蔗时候的劳力短缺却使他发了愁。"我们这儿都是山地，甘蔗收割无法实现机械化，全靠人力，但是现在雇人砍甘蔗越来越难了，一天六七十元还找不到人干活，这还是年龄稍大的人，年轻人根本不会考虑这么苦的活。"还有一个问题也使他犯了难，那就是土地价格上升带来的压力。苏端荣介绍，"他两年前租一亩旱地的价格是200元，坡地每亩30元，可是今年价格涨到了旱地每亩400元，坡地每亩60~70元，价格涨了1倍还多。"

河南省虞城县大王村农民王家福有着同样的困扰，他家子女都在城里工作，每到收割麦子时就发愁。"早些年，只要给几瓶啤酒，一些凉菜，就能找到一些闲散的劳力干活。现在时代不同了，人力贵了，也不愿意吃苦了，别说在城里找到好的工作，就是做建筑工也比帮人收小麦挣钱多。"没办法，从2010年秋季起，他把自家的6亩田地出租。"出租价格是每亩每年1 000元，一租5年，对方用来种植药材，出租到这么高的价格在过去是不可能的，毕竟一年种两季农作物，也收入不了多少钱。但是近年来，我们这里租种土地大规模种植芍药、西瓜、西红柿等经济作物的人越来越多，无形中也抬高了土地的价格。"王家福说。

近年来，随着越来越多的农民进城务工，不少农村已出现"用工荒"现象。在广西扶绥县昌平乡木民村，农忙时节，农民根本雇不到人收割稻谷、砍甘蔗。靠近越南的广西部分边界地区，开始出现越南非法劳工。

中国人民大学郑风田教授认为，农业生产需要考虑机会成本，金融危机后，由于"用工荒"，农民工的工资普遍大幅上涨，这势必会推高从事农业生产的人力成本。随着城市占有土地的快速增加，土地资源变得越来越稀缺，地价上涨成为一种长期趋势。尤其是一些大城市郊区征地可以获得的赔偿金越来越高，更使农业用地的成本大大增加。

（引自新华网新华视点，2010 年 11 月 15 日）

## 二、农业收益低是农民不愿种粮的根本原因

虽然近几年我国粮食等主要农产品价格整体呈上升趋势，但由于生产成本的上涨速度比粮价上升速度更快，农业生产效益总体上呈现出下降走势。2007 年，大米、玉米、小麦三种主粮平均出售价格比 2004 年上涨了 8%，而平均每亩粮食生产净利润却下降了 16%。农业增加值率（农业增加值占农业总产值的比重）也由 2004 年的 59% 下降到 57%。2011 年粮食亩均净收益约为 251 元，比 2010 年下降 20%，比 2004 年下降 32%，甚至比 1996 年还低 14%。

"杂交水稻之父"袁隆平院士也对湖南农户水稻种植成本和收入进行过估算（根据湖南省物价局调查统计数据），结果是，2010 年农民种植水稻每亩纯收益是 186.2 元，其中包括 104.1 元的国家粮食补贴，如不含补贴，每亩只有 82.1 元。2011 年农民每亩水稻净收益仅 116.6 元，其中农业补贴 109.1 元，如果不算农业补贴，则净收益仅为 7.5 元。农民户均 7.5 亩的粮食净收益合计不到 2 000 元（种双季稻），抵不上一个农民工进城打工一个月的收入。这是当前农民普遍不愿种粮的根本原因。

近几年，尽管农产品价格上涨以及由此引发的食品价格上涨推高了物价水平，但农业生产者并没有获得更多收益。农产品价格与农业生产资料价格、农业生产要素价格以及农民生活消费品价格形成轮番涨价的循环仍然没

有被打破。过去的 30 多年内，城市居民的平均工资收入增加了约 100 倍，而付出等量劳动的农民的劳动价值却未按相同比例提高。农资涨价 25 倍，而粮食涨价只有 5～6 倍。欧洲农民生产 5 000 千克蔬菜和水果可以换回一辆奔驰轿车，中国农民生产 5 万千克蔬菜或水果还难以换回一辆"吉利金刚"轿车。现在一个农民种五六亩田的水稻，毛收入也就七八千元钱，如果除掉物化成本，纯收入不到 2 000 元，而到城里打工，年收入 2 万～3 万元是很稳当的。加之农民在医疗、教育、住房等方面增加的投入，从地里"刨食"的原本微薄的农业劳动价值再次发生了缩水。长此以往，农民怎会对粮食生产保持积极性？

2013 年 7 月 26 日全国粮食生产先进县——湖南省湘乡市一粮食收购点农民排长队等待卖粮（李一平摄）

　　粮食生产不仅比较效益低，而且还存在很大的自然风险和市场风险。因为农业是露天生产，靠天吃饭的局面还无法从根本上改变，在生产中难免遭遇旱灾、水灾和病虫灾害等各种自然灾害的威胁。如 2013 年，湖南省遭遇了新中国成立以来最严重的旱灾。全省共造成 2 167 万亩农作物受旱，成灾 1 181 万亩，绝收 206 万亩，因旱减产粮食 100 万吨，造成直接经济损失达 45.3 亿元。此外，受供求关系和人为炒作的影响，农业生产还要经常面临"粮食卖难"的市场风险。如 2012 年下半年，湖南省受过量进口大米的冲击，加上"镉米事件"的影响，农民的稻谷销售严重受挫，其影响一直延续到 2013 年的早稻和晚稻销售。受粮价市场下跌影响，

2013 年 7—8 月，湖南省遭遇有气象记录以来最严重旱灾。

图为遭灾后一筹莫展的农民（衡阳市植保站供图）

祁阳县一个叫邓东胜的种粮大户 2012 年售粮 1 500 吨，仅此一项，种粮效益比上年减少 30 万元。

市场不相信眼泪。要使农民有种粮积极性，就要使农业劳动的价值与其他劳动形式的价值同步提升。至少在基本的社会保障待遇上要达到与城市居民同样的水平。否则，农民只好"用脚投票"，即洗脚上岸奔它业。

### 三、农业劳动苦是农民不愿种粮的基本原因

除了农业生产收益严重偏低的根本原因之外，农业劳动辛苦是农民不愿种田的基本原因。农业是一项艰辛的劳作。之所以艰辛，主要表现在三个方面：

### （一）劳动时间长

农业的劳动对象，无论是农作物还是养殖动物，都是有生命的物体，有生命，就会有生命周期，而且大多比较长。如水稻从播种到收获，种早稻的，早熟品种一般需要 115 天左右，中熟品种一般需要 120 天左右，而迟熟品种一般需要 125 天左右；种晚稻的，晚熟品种一般还要增加 10 天左右；养猪一般要 5 个月左右才能出栏；鸡蛋的形成需要 23.5 小时，等等。这些生命周期定律是受自然条件决定的，在可预见的未来，谁也打破不了。只能顺应客观规

律，围绕农作物或养殖动物的生命周期，早出晚归，甚至是加班加点地劳动。"日出而作，日落而息"，成为我国千百年来农民辛勤劳作的真实写照。

### （二）体力消耗大

农业生产不像工业可以采用机器流水线作业。农业生产的每一个环节，比如积肥并把它挑到地里去施，翻地、播种、除草、收割，以及农作物生长过程中的病虫害防治，都是强度很大的体力劳动，尤其是病虫害防治，农民要背负几十千克重的喷雾器在高温烈日下赤脚下到刺人的禾苗中间去喷施农药，由于高温高湿，施药者随时有可能出现中暑、中毒和被蛇咬、玻璃碎片划伤等危险，是一项典型的具有"脏、累、险、毒"特点的苦差事，农民大多不愿干或不会干。这从近几年我们在全省发展农作物病虫害防治服务组织招不到打药的机防手这一实际可以得到佐证。笔者调研过不少地方的病虫害统防统治服务组织，他们一致反映，现在公司遇到的最大困难，就是机防手难寻，即使工资增加到 200～300 元一天，也很少有人愿意干。好不容易找到几个，待经过培训，农民下田打了几次药以后便再也不愿干了。有农民说，"只有哈宝（即傻子）才会去干那又脏又累还危险的活"。此外，农业生产还经常遭遇自然灾害风险，如果遇到像 2013 年夏天连续 40～50 天不下雨那样的干旱天气，则农民还要付出更多的体力去抽水或挑水抗旱……尽管现在农机比以前有了较大的推广，农业劳动强度有了很大的缓解，但整体农业生产艰苦的状况没有根本转变。"面朝黄土背朝天，一身力气百身汗"、"锄禾日当午，汗滴禾下土。"这些描述农夫劳作艰辛的千古绝句，仍然是当今农业生产的生动写照，让年轻人望农兴叹、望而生畏。

正在人工整地的农民（祁阳县植保站供图）

正在挑运肥料至田间的农民（李一平摄）

正在人工抛栽水稻的夫妇（李一平摄）

正在人工整田的老农（李一平摄）

正在人工收割水稻的妇女（王建平摄）

### （三）劳动环境苦

农业生产劳动基本上是在室外进行，风吹、日晒、雨淋，使农民的劳动环境比其他任何一项工作都要苦。而且，年复一年，日复一日。"必须汗流满面才得糊口，直到你归了土"。笔者在这方面是有切身体会的，因为曾经多次在基层蹲点，平常也要经常出差下田查看禾苗长势，常常是搞得"热天一身灰，雨天一身泥。"越是在天气炎热的时候，越要下到田间地头，有两年在基层挂职期间，被太阳晒得跟非洲人似的，脸上的斑点什么的都晒出来了。我们只需负责自己的试验田，可想而知在大面积的田间劳作的农民该是怎样辛苦了。中国农业大学朱启臻教授在其主编的《农民为什么离开土地》一书中对农业劳动艰辛的状况有很多精彩的描述。其中有一篇描写的是黑龙江省穆棱市一位叫邓津的年轻人回忆自己第一次拿起镰刀参加秋收的情景。这位80后农民因为受不了农村劳动的辛苦，最后逃离了农村，成为一名城市的农民工。

农民的苦和累，多源自传统农业对体力投入的要求，可这高强度的投入却又只能换来微薄的回报。付出与回报太不对等，这是农民不愿种田的基本原因。

🔻**延伸阅读**
**YANSHEN YUEDU**

## 一位80后农民工回忆第一次参加秋收

"我清楚地记得，那天早上三点多，我妈把我叫醒，给了我一个水壶，三个馒头，一根大葱和一袋咸菜，然后吃了点早饭，坐着牛车去南山。天还没亮呢，我在朦胧中开始了一天的劳作，由于不会做农活，一垄地还没割完，手上已经磨起了两个大水泡。一壶水已经喝下去了一大半，衣服像洗过一样，完全被汗水打湿了，手指也被黄豆荚划开了好多伤口。到了中午腰都要累断了，好不容易挨到了午饭时间，馒头有点干了，发硬。大葱，咸菜，干馒头，被太阳晒热的水，看看还没有收割的大片黄豆，我有种晕晕的感觉。短暂的休息后又拖着几乎透支的身体，顶着烈日开始了新一轮劳动。正午的阳光直射下来，仿佛要刺穿人的皮肤、肌肉、骨骼，然后将人体内部的所有器官烧毁。我就感到自己的皮肤像火烧般疼，汗水不停地流，一滴一滴落到豆地里……

"傍晚，妈妈驾着牛车，拉着装得满满的黄豆回家，我又陪爸爸趁着天亮去割柳条，顺便挖些野菜回家喂鸭子。一天的工作结束时，已经晚上十一点了。爸爸上床后不到五分钟就传来了鼾声，妈妈在检查完一切后也休息了，第二天还要早起收豆子。

我躺在床上，久久不能入睡，被烈日晒破了的皮肤在疼，被镰刀磨起的水泡在疼，被黄豆荚划坏的伤口在疼，走了一天路的脚在疼，吃干馒头的胃也疼，总之，身体都快散架了。"

（引自朱启臻《农民为什么离开土地》，人民日报出版社，2011年5月）

## 四、社会保障差是农民不愿种粮的重要原因

凡是从农村出来或去过比较落后一点农村的人几乎都知道，中国农民是社会各阶层中地位最低、社会保障最差的群体。前几年，曾流传这样一首民谣："一等人是公仆，有吃有喝还有住……十等人是农民，累死累活难脱贫。"虽然是民谣，带有夸张的成分，但大体上还是形象地反映了农民在社会分层中的排位靠末的真实情况，这也是全社会认可的事情。

人的社会地位是人们在社会分工体系中所处的位置，在城乡二元社会结构体系中，农民作为一种身份被限定，处于社会的最底层，受就业制度、住房制度、户籍制度、社保制度等的限制和排斥，不仅使农民收入低、劳动辛苦，而且不能享受与其他群体平等的社会福利。加之农民是和土地打交道的，所以就与"土"联系在一起。"土包子""土里土气"等就成为农民的代

作者在采访时偶遇一位 87 岁老农
谢大爷在田间劳作（唐灿辉摄）

名词。所以，没有人看得起农民。随着改革开放对农民限制的减少和束缚的放松，农民开始获得了部分自由，政府还启动了农村富余劳动力转移就业培训的"阳光工程"，农村青年从此就把进城务工作为转变其社会地位的重要途径。只要是年轻一点的，都会出去打工，他们宁愿到城里去干建筑工，去工厂流水线干危险活，也不愿留在家里从事农业生产劳动。

现在，留在农村的年轻人大致有三种情况：一种情况是家里实在离不开的人，如需要照顾老人、病人、学龄前儿童等，这种情况属暂时的，条件一旦允许，就会离开农村去打工；第二种是城市郊区，因为交通方便，既可以在城市打工，又可在家种地的兼职农民；第三种情况是没有能力适应城市打工环境的人。这种人往往会被人看不起，"连打工的本事都没有，谁家的姑娘愿意嫁给他呢？"

因此，"离开农村，到城市去"就成为农村青年一致的价值观。在这种价值观念的支配下，即使在农村可以获得比打工更高的收入，农村青年仍然不愿意留在农村。如我们调查发现一些承包大户尽管有很丰厚的收入，其子女依然热衷于打工生活，做父母的也不愿其子女继续务农。理由很简单："农民太土，在农村没地位"

某村留守妇女和儿童（张佳峰摄）

"农村生活太单调，我喜欢城市的繁华和丰富的生活"。如湖南省第一水稻大县宁乡县双江口镇双青村村民肖建军，是全县为数不多的千亩大户。2011年耕种面积达 1 020 亩，遍布双江口镇 3 个村，年纯收入在 40 万元左右，当问及其儿子时，他说："我儿子在县里读初中，以后肯定不让他回家种田。"

确实，在中国至少 80% 以上的农村，农民的生活是非常单调乏味的。笔者近两年曾参与所在单位"机关支部联基层"活动的联络和组织工作，多次到新宁县炉山村去考察和帮扶，亲身感受到那里的农民生活真的只能算是生存，全村 1 000 人中常年在外务工人员达 300～400 人，留下的基本上是老人、妇女和儿童，不少 70、80 多岁的老人，仍然在下田干活。村里的道路、农田水利、商店、医务室、卫生设施等基本上是空白，社会保障方面与城里人相差太远。在城市里待得越久，对于城市的生活也就越向往。因为城市所能提供的不仅仅是相对稳定和较农村丰厚的收入，还有着更优越的生活和教育环境。这种感觉像一种振动波，一圈圈扩散给更多的人。当然，在城里生活久了，偶尔去乡下呼吸呼吸新鲜空气也是城市人向往的时髦生活，但那样的时间和次数毕竟少到可以忽略不计。

青壮劳力只有在城市郊区才能看到，因为他们是游走于城市和农村的"两栖"农民，可以同时兼顾城市打工和农业生产（王建平摄）

在这样的相互比对下，"离开农村"就成了几乎所有人的共识和努力的方向，父母对孩子讲得最多的是"不好好学习，你就得种地当农民"；教师教育学生也是"考不上大学，没出息，就只能当农民了"。社会为人们树立的一个个标杆，几乎都是怎样努力成功离开农村的典型。

　　以上说明，社会地位的不平等，成为农民特别是新生代农民不愿种田的重要原因。

延伸阅读

## 从炉山村想到中国80％的农村

　　在联系炉山村的这段时间里，我几乎每年都要到村里去走一至两趟，平常则主要通过电话联系。每当我踏上这片土地，我一方面被炉山村民的那种纯朴、善良和期待所感动；另一方面又为村里破烂不堪的房屋、泥泞的小路和房前屋后散乱一地的垃圾而叹息，更为那些在田里辛勤劳作、默默奉献的留守老人、在家喂猪养鸡的留守妇女、走很远山路才能上学的小孩而忧心。虽然这几年通过我们与炉山村党员干部的共同努力，炉山村开创了一个新的工作局面，但我深知炉山村的发展之路还相当漫长。

　　党的十八大报告指出，"解决好农业农村农民问题是全党工作重中之重，城乡发展一体化是解决'三农'问题的根本途径。""坚持把国家基础设施建设和社会事业发展重点放在农村，深入推进新农村建设和扶贫开发，全面改善农村生产生活条件。"这为我国当前及今后一段时间的工作指明了方向。而当下尤为重要的是如何把十八大报告精神落实到我们的农村工作当中去。

　　根据对炉山村这几年的帮扶经验，我个人认为，类似炉山这种普通农村，在吸收不到外部资本输入的条件下，尤其需要各级政府的财政支持。因此，各级政府职能部门应按照十八大的要求，真正把工作重点转移到占中国行政村总数80％的普通农村的支持上来。重点从以下几方面突破：首先，要扶强基层组织。要确保村支两委干部有稳定的工资福利待遇和必要的工作经费，让其收入不低于外出务工人员的平均工资水平。这是做好各项农村工作的前提。其次，要夯实基础设施。加快推进农村道路、农田水利、垃圾站、文化活动室、村级医务室等公共基础设施建设，为产业发展和村民生活提供坚实基础。第三，要强化公共服务。全面落实国家医疗保险、养老保险、人身意外伤害保险、法律援助、住院看病和应急救助等政策措施，以及粮食直补、农资综合补贴、农机补贴、能繁母猪补贴等各种农业生产补贴政策。第四，要完善社会化服务。如支持开展农作物病虫害统防统治、机械化整地、机械化收割、村级连锁超市等社会化生产、生活服务，为留守老人、留守妇女、留守儿童创造一个良好的工作生活环境。

如果以上工作能够在中国 80%的普通农村一件件抓落实，那么像炉山村这样的农村就能真正实现中国梦，而中国在 2020 年全面建成小康社会、在 2049 年全面建成富强民主文明和谐的社会主义现代化国家的宏伟目标就一定能够实现！

（引自李一平参加"机关支部联基层"活动工作札记，2013 年 10 月）

# 第三章　职业农民＋家庭农场＋专业化服务＋机械化生产：中国粮食生产稳定发展的核心路径

## 一、新型职业农民是未来中国农业的从业主体

2013年中央1号文件围绕现代农业建设，提出要充分发挥农村基本经营制度的优越性，着力构建集约化、专业化、组织化、社会化相结合的新型农业经营体系，并首次提出"大力培育新型职业农民和农村实用人才"。

何为"新型职业农民"？中央1号文件并没有明确定义。国际权威工具书《新帕尔格雷夫经济学大辞典》在"农民（Peasants）"词条中困惑地写道："很少有哪个名词像'农民'这样给农村社会学家、人类学家和经济学家造成这么多困难。"因为，农民既可以指拥有"农业户口者"，又可以指"农业从业者"，有时还可以指"农村居住者"。

笔者理解，所谓新型职业农民，是指具有较高农业生产技能、文化素质和社会责任，自主选择在农村一、二、三产业充分就业，专业从事农业生产、经营或服务工作，其收入主要来源于农业的农民。

为什么要大力培育新型职业农民？

### （一）培育新型职业农民是全面提升农民素质、促进传统农民向现代农民转型的必然要求

中国是一个农业大国，13亿多人口，有7亿农民。但农民的整体素质还比较落后。曾几何时，一说起农民，给人的印象已经定格：东北黑土地上赶着马车的长脸汉子，陕北高原系着白羊肚毛巾的放羊老人，中原大地裤管高挽的中年男子，江南水乡弯腰插秧的俏皮妇女。但如今，这种"面朝黄土背朝天，一滴汗水摔八瓣"的传统农民已经不适应现代农业发展的需要，随着我国经济社会的发展，他们需要转型发展为职业农民，完成从"身份"到

"职业"的转型。一个合格的农民不仅需要勤劳、善良、朴实的品质，还需要知识、智慧和超前的商业眼光，更需要他们真正能够尊重这片土地，将自己身心与地气儿对接，完成从身份到身心的转型。农民不应该是穷人和低素质的代名词。农民应该像城市其他行业一样成为一种体面的职业。只有这样，我们的"80后""90后"以及子孙后代才会愿意从事农业、农村工作，中国的农业和农村才会后继有人。

### （二）培育新型职业农民是发展现代农业、增加农民收入的现实选择

早在200多年以前，经济学家亚当·斯密就认为，分工是导致工业化以及经济不断进步的原因。分工产生了效率，形成了专业化；同时，分工又产生了合作，形成了优势互补，减少部门、环节、岗位间出现的摩擦和冲突，增强整体的生产力和创造力。根据这一理论，农业要提高整体经济效益，同样要实行分工协作，大力发展职业农民，让专业的人做专业的事，让合适的人做合适的事，让正确的人做正确的事，彻底改变目前以小农兼业经营为主的小生产经营模式。目前，我国留在农村从事农业生产的劳动力还有2.7亿多人，平均每个劳动力耕种的耕地面积约6.7亩，这么小的经营规模不足以向一个农民家庭提供其维持一般生活水平所必需的经济收入，因此，他们不得不在农闲时靠外出务工经商或就地从事非农产业来增加额外的收入。据统计，2012年我国2.7亿劳动力中约有1.3亿劳动力从事兼业经营，农民人均纯收入7 917元，其中仅有2 107元来自耕地经营（种植业），占纯收入的26.6%。这种兼业经营模式很不利于现代农业特别是效益相对较低的粮食生产。首要的原因是农民对粮食生产越来越不重视，粗放经营甚至抛荒现象就难以从根本上杜绝；其次，这种兼业经营模式还严重阻碍了耕地的正常流转，严重制约规模农业的发展。据统计，我国目前有超过58%的农民家庭有人外出打工，有超过48%的农业劳动力转向非农产业就业，但农户承包土地的流转面积却只占21.2%。其原因就是农业劳动力既努力在城镇打拼和寻找新的发展机会，又不放弃家乡的财产和生存保障，以使自己能够进退有路。

要想改变这种局面，现阶段比较切实可行的路径就是发展专业从事农业生产的新型职业农民。通过进一步强化国家的强农、惠农、富农政策以及出台推进"农民市民化"的一系列配套政策，让新型职业农民安心务农，让进

城务工农民真正成为市民，或在一定时期（如至少 5 年）放心在城市打工，这样，通过减少务农人员的数量，扩大单个种粮农民的种植规模，再加上专业化、社会化的服务，使农业成为有效益、有奔头的产业，使务农成为能赚钱的工种（至少可以获得社会平均利润），使农民成为体面的职业，这样才能使我国农业逐步走上良性发展的轨道。

**（三）培育新型职业农民是发达国家的通行做法**

目前几乎所有发达国家都有一个共同特点就是，都将培育职业农民作为推动农业发展的核心力量，把教育培训作为培育职业农民的重要手段。如美国通过一系列农业法律，保证每个州都有专门的教育培训机构和农业技术推广站，实行农业教育、科研、推广"三位一体"，开发农村人力资源；法国实行农民按需培训，建立层次分明的农民教育培训体系，农民参加培训不仅免费还享受补贴，但农民要想从事农业，一是申请经营的土地面积至少要在100 公顷以上；二是必须先经过相关的技术和经营等培训并取得证书，还要有一定时间的实习过程；德国所有农民即使受过高等教育也必须经过不少于3 年的农民职业教育；韩国规定对农渔民后继者提供援助资金，提供精神教育和技术教育，并为培养农业后继者和专业农户提供法律保证；英国、法国、德国等都有成系列的农民职业资格证书，而加拿大则推行"绿色证书"

2013 年 11 月 15—16 日，全国新型职业农民培育试点工作经验交流会在陕西省西安市举行。农业部部长韩长赋强调，各级农业部门要深入贯彻落实党的十八大和十八届三中全会精神，全面推进新型职业农民培育工作，稳定和壮大现代农业生产经营者队伍，为建设现代农业提供人才支撑（来源：农业部新闻办公室）

制度，不获得绿色证书不能成为农民，不能继承和购买农场。

因此，我们要借鉴发达国家的先进经验，结合我国的具体实际，大力培育适合中国国情的新型职业农民，这是中国现代农业建设的核心任务。

## 二、家庭农场是我国未来农业经营的主要形式

2013 年中央 1 号文件同时还首次提出要大力发展家庭农场。党的十八届三中全会通过的《中共中央关于全面深化改革若干重大问题的决定》指出，"坚持家庭经营在农业中的基础性地位，推进家庭经营、集体经营、合作经营、企业经营等共同发展的农业经营方式创新。""加快构建新型农业经营体系。"

什么是家庭农场？目前学术界和政界对家庭农场并没有一个统一的定义。农业部在 2013 年 3 月 "关于开展家庭农场统计监测的通知" 中对 "家庭农场" 的定义是：家庭农场是指以家庭成员为主要劳动力，从事农业规模化、集约化、商品化生产经营，并以农业为主要收入来源的新型农业经营主体。并要求家庭农场应符合以下七个条件：一是家庭农场经营者应具有农村户籍（即非城镇居民）。二是以家庭成员为主要劳动力。即：无常年雇工或常年雇工数量不超过家庭务农人员数量。三是以农业收入为主。即：农业净收入占家庭农场总收益的 80% 以上。四是经营规模达到一定标准并相对稳定。即：从事粮食作物的，租期或承包期在 5 年以上的土地经营面积达到50 亩（一年两熟制地区）或 100 亩（一年一熟制地区）以上；从事经济作物、养殖业或种养结合的，应达到当地县级以上农业部门确定的规模标准。五是家庭农场经营者应接受过农业技能培训。六是家庭农场经营活动有比较完整的财务收支记录。七是对其他农户开展农业生产有示范带动作用。

笔者认为，以上对家庭农场的界定是基本可行的，尽管还有需要完善的地方，比如对家庭农场生产经营水平、综合效益、农场主的学历、年龄要求以及由哪个部门来认定、如何认定、能够雇多少工，等等，还值得商榷，但这些细节问题不是本书关注的焦点。本书主要关注中央为什么把发展家庭农场作为当前及今后我国农业的主要经营主体？因为这是一个涉及到未来我国农业投资方向和政策的重大问题。笔者以为，对这个问题，应从农业行业特点和家庭经营的社会经济属性，并参照国际经验、结合中国实情来进行科学

分析，才能形成正确的认识和判断。

**（一）从农业行业特点和家庭经营的社会经济属性来看，家庭是农业经营最有效的主体**

农业是个十分特别的产业，是一个自然再生产和经济再生产相复合的产业，具有季节性、长周期性、分散性和波动性，这些自身属性决定了农产品不可能像工业产品那样可以按照人的意志来进行抽象设计、室内集中生产和车间流水线作业，只能遵循自然规律，按照农作物或养殖动物的生长发育特点，在室外一个阶段、一个阶段地依次而不间断地完成每一个生育过程和具体操作环节。此其一。其二，由于土地的分散性和农事操作效果的滞后性，致使经营管理者对农业生产劳动难以进行有效监督，或监督起来不合算。其三，还有一个不同于工业生产的特点是，工业生产中的机器是固定不动的，由工人围着机器转，产品在机器流水线上流动，而农业生产则是农作物固定不动，人开着机器围着作物转，由于农作物是活的生命体，其生长发育周期具有一定的弹性，一项农事操作活动可以在一段较长时间内完成，只要不超过作物的耐受界限，一般不会对其产量产生大的影响，这就为劳动者管理较大面积的农作物提供了可能。以上三个特点决定了大田农业生产不适合采用大规模雇工生产，而更适合采取家庭经营方式。因为家庭成员之间是一个利益共同体，在生产劳动过程中，每个成员都会自愿地把家庭的利益当成自己的利益，合力同心，甚至不讲价钱，不计报酬，拼命工作，无需精密的劳动计量与劳动报酬相衔接来激发活力，在遇到外部矛盾时不论内部矛盾冲突多大，都会搁置争议，一致对外。这种自发性的自觉行为，更能激发出劳动者的主动性和创造力，从而实现管理成本最低，管理成效最高的目标。

在生产实践中，笔者发现这样一种现象，一些规模化经营的种粮大户或企业，在经营规模适度时（一般在 50 亩以上，300 亩以下）反而赚钱，而规模一旦过大（例如超过 500 亩），盈利反而减少，甚至出现亏本的状况。如笔者 2013 年 11 月下旬对湖南省永州市祁阳县种粮大户的调查，全县1 212 个种粮大户，98.7％的户经营规模在 30～500 亩之间；面积超过 500亩的"超大户"仅有 16 户，仅占 1.3％。而在这 16 户"超大户"中，实现稳定盈利的仅有 6 户，占 37.5％。其中包括被农业部表彰的"全国种粮大户"邓东胜、湖南省种粮大户黄黑生、李新宝等。其余 10 户均处于亏损或勉强维持生产的状态，如 2012 年湖南卫视《新闻联播》以"大户来了"为题进行连续系列报道并引起强烈反响的浙江农民项兆旺，2011 年下半年从浙江带着机械、技术和资金来永州市租地 2 000 多亩，因规模过大，加上水利等基础设施不完善，连续两年出现亏损，其家人要求其不再种了，但项兆旺仍坚持要种下去，目前处于进退两难的境地。此外，这 16 户"超大户"还普遍存在两个问题：一是 90% 的"超大户"目前暂没有进一步扩大经营规模的愿望和打算；二是 90% 以上的"超大户"目前种植的基本上是一季稻，粮食产量比小农户的产量还要低。究其原因，主要就是 500 亩是目前一个家庭农场采用机器生产加上几个雇工能够管控的合理界限。超过 500 亩，人力、物力、精力及投资都难以适应。如长沙市望城区某公司，2011 年租农田 5 000 多亩，计划种双季稻 4 300 亩，一季稻 700 亩。实际种早稻3 100亩，一季稻 700 亩。由于全部雇工生产，加上品种搭配上出现问题，早稻亩产仅 200 多千克，晚稻几乎绝收，全年仅收获稻谷 1 600 吨，收入 400 万元，支出高达 600 多万元，净亏 200 多万元，还未算农机折旧。2012 年虽然品种搭配等技术问题解决了，但仍然因为规模过大，管理不善，依旧亏损。2013 年，该公司不得不减少规模，并改变管理方式，采取"反租倒包"的方式将租来的稻田化整为零，即把田块分解包给几个种田能手，由他们按家庭经营方式进行分散经营，公司只负责提供统一供种、统一供肥、统一收购、统一病虫害防治等，才基本扭亏为盈。另据湖南省祁阳县肖家村镇的种粮大户肖田发介绍，2007 年他承租稻田 100 余亩，年纯收入达 2 万余元，2012 年种植规模达到 700 余亩，由于田土过于分散，生产与管理成本增加，反而亏本 6 万余元，2013 年只好转出 200 多亩给别人，自己只种植了 400 多亩，反而扭亏为盈。以上说明，农业生产的规模并非越大越好。笔者认为，在目前条件下，像南方双季稻地区，50～500 亩是当前一个家庭农场的合适规模。

当然，由于各人的自身素质、工作能力和遇到的客观条件不一样，不一定每个人都符合此情况，有的人可能经营规模超过此标准，也照样赚钱，如祁阳县的邓东胜就是一例。2013 年，邓承租的双季稻田面积已达 2 212 亩，年盈利约 100 万元。

此外，随着经济社会的发展，农场的合适规模也会随之发生相应的变化，一般是呈规模逐步扩大的趋势。

## （二）世界各国的农业生产都是以家庭经营为主体的

纵观世界各国农业生产经营，都是以农户为主的。农业搞得再现代化也还是以农民家庭经营为主，只不过规模大小不一而已。在实现农业现代化的国家，无论是"人少地多"的美国、加拿大，"人地平衡"的法国、德国，还是"人多地少"的日本、韩国和我国台湾地区，家庭经营都是最普遍的农业经营形式。

如美国是人均耕地较多的国家。其农村多年来一直维持以家庭农场为主的格局。根据美国农业部经济研究局 2007 年出版的《Family Farm Report》，2004 年美国有 211 万家农场，其中 206 万家为家庭农场，占总农场数的 98％，包括以独资、合伙或家族公司等形态经营，且未雇佣农场经营管理者的农场；非家庭农场仅占 2％。家庭农场的农业产值占农业总产值的 85％，经营面积占农业总经营面积的 94％，平均每户经营面积 2 745 亩。

法国是欧盟最大的农业生产国，也是世界主要农产品和农业食品出口国。属人地规模适中的国家。2010 年农业产值 666.5 亿欧元，约占国内生产总值的 3.4％。农业人口约 102 万，共有 50 万个农业生产经营主体，其中 98％是家庭农场。本土农业用地 4.39 亿亩，其中 96％为家庭所有。平均每个家庭农场经营规模为 840 亩，其中规模在 3 000 亩以上的大型农场占 6.5％，600～3 000 亩的中型农场约占 80％以上，小于 600 亩的小农场占 13.5％。

日本是人多地少的国家，在第二次世界大战后经过土改，日本形成了自耕农体制。此后日本一直限制私人公司进入农业领域，只允许个人或家庭为农业生产单位，并取得土地。1962 年《农地法》修改中首次允许农业生产法人的存在。以后在历次《农地法》修改时对农业生产法人的条件不断放宽，但直到 2000 年《农地法》修改，农业生产法人的主体依然是农协等合作社法人，股份公司可以入股农业生产法人，但所占股份不能超过 1/4。所以，直到目前，日本依然是不允许私人所有的法人企业直接进入农业生产领域。其主要原因，一是在日本农业生产条件下，即使公司管理和资本运用的很好，也很难获得利润，除非不考虑环境因素，进行破坏性经营。二是股份公司参与农业的真正目的是为了获得土地，然后想方设法将农业用地转化为非农用地，如开发房地产、建厂房和其他休闲设施，以获取利润。

### （三）从我国国情来看，面临的形势和压力要求以家庭经营为主体

许多人都认识到一家一户经营规模小、效益差是当前中国农业的一个最大问题。为了提高种粮效益，必须走规模化的道路。但问题是，在中国人多地少的国情下，农业究竟能否实现规模化？怎样实现规模化？这不仅仅是一个技术问题，而更是一个关乎人口转移、就业和收入的重大政治问题。因为中国目前13亿多人口，其中还有6.3亿人口、2.7亿劳动力仍然依靠农业为生，在这样的情况下，少数人的"规模经营"，意味着多数人的"无地经营"。究竟多大的规模在我国为合适？笔者认为，必须从当地的实际状况和所处的发展阶段出发，既要考虑当地农业资源禀赋的状况，又要考虑工业化、城镇化发展水平和农业人口的转移程度，还要考虑农业资源分配对社会公平的影响即如何使更多农民实现共同富裕的问题，把提高农业生产效率放在促进社会进步和社会公平的大背景下来统筹考虑。例如上海市松江区的工业化、城镇化进程都比较快，全区86%的农村劳动力已转向非农产业就业，具备了加快耕地流转、集中的条件。这个区从2007年开始探索发展适度规模经营的家庭农场，目前全区80%的粮田由1 206户家庭农场经营，户均经营耕地面积113.3亩。在社会化服务体系的支持下，夫妻俩一年种两季，年纯收入一般可在8万元左右，与上海市城镇居民的人均年可支配收入已不相上下；而那些利用剩余劳动时间代公司养猪的家庭农场，每年还可再增加纯收入六七万元。由此来看，目前松江区家庭农场的经营规模就基本适宜。

从全国来看，根据我国耕地资源禀赋特点，18亿亩耕地中大约只有60%即10亿亩适合规模经营。根据本书前面的分析，50～500亩为家庭农场的合适规模，按此标准计算，我国理论上最多可发展2 160万个家庭农场（每个农场控制在50亩），至少可发展216万个家庭农场（每个农场发展壮大到500亩），以平均发展500万个家庭农场（每个农场平均200亩）、每个家庭农场消化2个劳动力计，则10亿亩耕地可消化吸收1 000万个劳动力，同时，还可吸纳9 000万名涉农服务人员（按1个农场主配套9名服务人员计），合计1亿职业农民。而剩下的8亿亩耕地按户均7亩、每户1个兼业劳动力计，共可消化吸纳1.1亿个兼业劳动力，两者相加，共消化吸收大约2.1亿个农业劳动力，那么现有的2.7亿劳动力中只有0.6亿劳动力需要转

移。假设我国城市化率维持目前水平即每年大约转移 1 个百分点，则到 2020 年，我国城市化率达到 60%，7 年共可转移 6 000 多万劳动力。这样我国 2.7 亿农村劳动力刚好可以消化掉。但前提是仍有 1 亿专业农民和 1.1 亿兼业农民在从事农业生产。

这就是我国农业规模经营的最理想状态。显然这个规模与美国等新大陆国家的经营规模不可同日而语，因为美国农场的平均规模是 2 745 亩，加拿大是 3 500 亩；也不能与法国等中等规模的国家相比，因为在法国，50 至 500 亩都属于小型农场。

但是，虽然我们认识到了中国农业规模经营的局限性，并不意味着我们在扩大农业规模经营上就无能为力或无所作为。关键是我们要创造一种促进耕地流转的机制，在十八届三中全会和《中共中央关于全面深化改革若干重大问题的决定》精神的框架下，通过出台强有力的土地流转政策措施和扎实的基层工作，使离农人口的耕地不断向继续务农者集中，使家庭农场的经营规模能够逐年稳步扩大。这样，即使我国的耕地经营规模最终无法与美国等国相比，但随着经济社会的发展，我国的耕地经营规模一定会有一个大的提升，能够最终实现 60% 的耕地由一个个 50～500 亩经营规模的家庭农场所经营，这也是一个了不起的巨大成就；农业劳动生产率虽然不会有质的飞跃，但总会有量的增长。通过培养一批新型职业农民，使农业劳动力由目前的 2.7 亿减少到 1.5 亿～2 亿，则可减少农业劳动力 26%～44%，这就相当于提高农业劳动生产率 26%～44%。以此为基础，再加上国家对农业的各种补贴，就会形成一批新型职业农民长期稳定从事家庭农场经营的新格局，以家庭承包经营为基础、以中小型家庭农场为主体的中国式现代规模农业就会最终一步步建成。

有人认为，我国公司制农业近年有较快发展，为什么不能让公司成为农业的经营主体？笔者认为，对这个问题要一分为二地分析。全国政协委员、中央农村工作领导小组副组长兼办公室主任陈锡文在一次新闻发布会上对这个问题回答得很清楚，他说："资本进入农业要合适，不能动摇农户经营的主体地位，不少企业进入农业'醉翁之意不在酒'，就是要地、圈地。真正生产紧缺农产品的、生产粮棉油的很少。大多数资本进入农业都是非粮化、非农化倾向。如果社会资本进入农业破坏了农业的产业特征，不让农民当主体，那这个事走不远。"他表示，"希望资本以龙头企业带动的方式进入农业。龙头企业可以在农村建立大规模的基地，给农民提供种子、技术等各方面的服务，提出生产的要求，最后再把符合标准的农产品买回来，这样就会出现双赢格局"。

笔者完全同意陈锡文主任的这一说法。因为公司具有追求"赚钱"的天性，公司一旦承包大片耕地，其往往会调整结构发展高价值的大棚蔬菜、水果或经济作物以及养殖水产品等，从而导致种植粮食面积减少，增加我国粮食的安全风险。另一方面，在生产实际中，由于农业生产的特点，公司制生产往往由于难以对劳动者进行有效监督而出现生产经营亏本的现象，对企业自身来说，也存在投资风险，难以实现持续发展。如安徽省凤阳县小岗村2013年1.9万亩耕地的流转率达到44.2%，接近2012年全国平均水平的两倍，已流转的8400亩土地绝大部分交由美国ＧＬＧ集团、广东从玉菜业、普朗特、金小岗、鸿浩公司、天津宝迪以及凤阳县的小岗面业等农业产业化企业经营。目前这7家企业中有4家企业因为"市场定位不准"、"缺水"等各类原因导致"经营不善"，租用的数千亩土地存在不同程度的抛荒或半抛荒状况。又如湖南省长沙县2012年共有138家工商资本涉农企业，全县31万亩流转土地有一半流入到这些企业，但这些企业仅有5家涉及粮食种植，粮食种植面积不足1万亩，仅占流转入土地的6.5%，其他茶叶种植占41.9%，花卉苗木种植占32.3%，蔬菜种植占12.9%，中药材等占6.5%，大量的流入土地被企业用于休闲观光农业和高价值农作物生产，甚至被企业用作建设用地。

以上说明，对工商资本投资农业不能不加分析、不加限制地随意而为。政府农业等主管部门应加强规划引导，明确其进入的领域和扶持政策。一般而言，公司的优势主要体现在资本、技术和市场营销等方面。因此，建议公司可投资规模养殖、设施栽培等资本、技术密集型产业以及农资连锁、种苗供应、商品化育秧、机械化插秧、病虫害统防统治、机械化收割、储运、加工和销售等农业社会化服务领域，着力解决农民一家一户不想干或想干又干不好的工作。

事实上，目前农民家庭仍是我国农业中最主要的生产经营主体。据有关部门统计，到2012年底，我国农村承包集体耕地的农民家庭约2.3亿户，其中有约 4 440 万户发生了流转出承包耕地的行为，占承包农户总数的19.32%；目前仍在耕地上从事农业生产经营的农民家庭约 1.9 亿户，他们经营的耕地面积（包括流转来的耕地），占农村家庭承包耕地总面积的92.5%。当然，随着农业劳动力的转移和农户承包耕地经营权的流转，其他各类新的农业经营组织形式也在发展。目前，全国已发展起农民专业合作社68.9 万个，入社成员 5 300 多万户；各类农业产业化经营组织 30 余万个，带动的农户约 1.18 亿户；对农业实行集体统一经营的村、组约有 2 000 个，江苏省江阴市的华西村就是其中的著名代表。此外，租赁农户土地从事农业生产经营的工商企业也在逐渐增加，全国约有 2 556 万亩耕地由企业租赁经营。符合统计条件的家庭农场有 87.7 万个平均每个家庭农场经营耕地面积为 200.2 亩，年收入达到 18.47 万元。农业经营主体的多样化，是农业向现代化演进过程中的必然现象。但一般来说，传统的粮棉油糖等大宗产品的生产，还是比较适合农民家庭经营。而瓜果蔬菜花卉等鲜活农产品的生产，因其效率主要取决于品种选择、栽培技术和市场营销等，对技术、投资、管理和营销等方面的要求较高，超越了大多数农户和农民专业合作社的能力，因此更适合引入社会资本实行企业化的经营。

**（四）通过家庭经营化整为零，还可有效应对全球农产品被同质化、大宗化、金融化的风险，实现分散突围**

全球粮食同质化、大宗化、金融化是由美元国家主导操作的。过去多年来，美国对全球多样化农业进行了工业化整合改造，全球主要农业国家的生产作业大多实现了机械化和化学化，生产经营大多实现了规模化和标准化，主要农产品实现了大宗化和同质化，还对部分品种实现了能源化。用发展城市化替代冲击新农村建设；用同质化、大宗化农业替代多样化农业。用大农替代小农，用资本替代人力，用企业替代农户。经过这一系列美国式的农业现代化改造，最终形成了天罗地网一样的农产品金融化网络。当前，我国一些重要农产品出现了"被金融化"情况。如饲料原料玉米、大豆（粕）被金融化操作导致生猪产业链失衡动荡，棉花产业被金融化操作导致价格体系大幅动荡，棉花产业链利益分配严重失衡，整个产业不断陷入水深火热之中。

面对全球粮食金融化的冲击挑战，我国要冲出粮食金融化这个伏击圈，可以反其道而行之，即对粮食产品实行去同质化、去大宗化，进而实现去金融化。而实行家庭经营为主的农业产业经营，可以更好地利用中国特色资源要素发展多样化农业和构建独立自主的农业组织体系，发展地域性多样化产品，在多样化饮食文化的支持下，实行地域性农产品地产地销，将农产品产销活动进行直接对接。以农业细分产业链为单位，实现化整为零分散突围。

**（五）通过家庭经营自我约束和相对封闭运行，还可确保农产品质量安全**

当前，餐桌上的安全已经引起了国人的强烈关注。2014 年 3 月 5 日，国务院总理李克强在十二届全国人大二次会议上提出，用"最严格的监管、最严厉的处罚、最严肃的问责"，坚决治理餐桌上的污染，切实保障"舌尖上的安全"。其实，要想以上"三个最严"能够落到实处，最根本的还是要形成抓源头治理的机制。发展家庭农场就是一个切实有效的好办法。

首先，从技术上来看，家庭农场有利于推广采用种养结合、绿色防控、统一品种、统一测土配方施肥以及标准化生产、精准农业等综合技术模式，为粮食等农产品生产树立"优质、高产、高效、生态、环保"的综合生产目标。比如，一个家庭农场在耕种 50 亩以上农田的同时，还可饲养 50 头以上

家庭农场生产的农产品一般都有以生产者名字命名的自有品牌，有利于建立完整的食品安全追溯体系，因此，质量更有保障。图为某家庭农场在植保技术人员的帮助下推广灯光诱杀技术（郑和斌供图）

的生猪，并顺便养些鸡鸭，通过采用微生物发酵床健康养猪等生态环保技术，可达到畜禽粪便"原位降解"，实现无污染、零排放、无公害的健康养殖目的，既有效解决分散养殖对农村环境造成的污染，又可大大降低农牧业交易成本，实现"粮多—猪多—肥多—粮多"的良性循环。在病虫害防治方面，一家一户防治存在因单纯依赖高毒化学农药和打药不及时、时间不一致、施用过量，造成农产品"农残"超标和农田生态环境受损等问题，而采用家庭农场经营模式，有利于推广以灯光诱虫、信息素诱杀或谜向、释放害虫天敌等物理手段，以深耕灭蛹、稻田养鸭等农业生态调控措施以及以高效、低毒环境友好型农药和剂型为主要内容的一系列病虫害绿色防控技术措施，实行标准化生产，从而确保农产品的数量和质量安全。施药后的农药、化肥的包装废弃物也不会随处乱扔，污染农田，而是被农场主或专业化统防统治服务组织操作人员统一收回运走，不会污染美丽乡村的水土和环境。

其次，从管理上来看，家庭农场是一个法人单位，其生产的农产品一般都有以生产者名字命名的自有品牌，便于建立信息化的农产品质量安全追溯体系，因此，其质量更有保障。而传统的小农户由于是高度分散化生产，规模小、效益低，加上农民的素质千差万别，无法保障农产品的质量安全。家庭农场的农业生产一般都有一定的规模，农产品销售数量、价格往往与农产品的质量安全及品牌、信誉等紧密挂钩。如果农产品质量安全出现问题，由于有详细的农产品生产记录和标识，农场主或是负责生产服务的组织就会受到市场和监管部门的无情惩罚，其经济效益和信誉、品牌等就要受到严重影响。这就大大提高了生产者农产品质量安全的自律责任意识，有利于促进"政府监管、行业自律、生产经营者自为"的农产品质量安全监管机制的落实。

**延伸阅读**
YANSHEN YUEDU

## 王兴迁的家庭农场

48 岁的王兴迁作为山东省胶州鸿飞大沽河农场主，用短短 5 年时间打造出规模超过 5 000 亩的家庭农场，其中，粮食种植面积达 3 000 多亩，土豆种植面积 1 500～1 600 亩，拥有大型农用机械 30 台。"我们虽然也还叫农民，但不是'面朝黄土背朝天，一粒汗珠摔八瓣'的农民。靠天吃饭的日子已经过去了，我们现在是职业农民，从事专业化的农业生产，种地都在驾驶室里完成。耕种使用免耕施肥播种机，施肥、播种、培土一体化操作，日耕地 500～800 亩。喷药机，一次喷射 18 米，一天能喷射五六百亩的农地，现在已经淘汰，改用飞机喷洒农业，5 000 亩地一袋烟功夫完成……"王兴迁又指着一台又一台的大型农用机械向记者炫耀。

（引自《齐鲁周刊》，2013 年第 8 期）

### 三、专业化服务是提高种粮效益的现实途径

粮食生产的根本问题是经济效益低。要想解决这个问题，除了依靠政府财政补贴和适当提高粮价等外部刺激以外，最根本的还是要提高粮食生产的内生动力。如何提高粮食生产的内生动力？很多人认为，要靠提高粮食生产规模，走美国式规模经营的道路。因此，他们习惯于把眼光紧紧盯在扩大土地生产经营规模这一条道路上。

但实际上，除了土地规模经营之外，还有三条途径可以不同程度地实现农业的规模效益。

第一条途径是通过政府区域化布局来谋求一个行政或自然区域的整体分工协作规模效益。这主要通过各级政府农业部门对本辖区的农业生产进行统一规划布局，并设置一些农业生产项目来实现。如农业部曾在本世纪初提出，在全国适宜地区建设水稻、小麦、玉米、棉花等 10 多种优势农产品产业带建设项目，并由中央财政安排专项资金进行扶持，这对促进我国大宗农产品的集聚发展、提高区域整体效益发挥了重要作用。

第二条途径是通过发展工厂化、集约化设施农业来谋求单位面积土地上的综合产出效益。主要手段是采用现代设施工程，多级、多层、延时、立体开发农业的时间和空间资源，实现"把天拉长，把地拓宽"，提高资源利用率。但这条途径主要针对蔬菜、水果等高价值农产品，属于高投入、高产出、高科技项目，一般只适合大城市郊区和有特色资源的地区采用，很少有用于水稻、玉米、小麦等大宗粮食作物上的，因此，这种模式对占我国耕地总面积 80% 以上的大宗粮食作物是基本上起不到什么作用的。即便是对高价值的农产品，由于其市场容量有限，其发展潜力和空间也是有限的。

第三条途径就是通过发展社会化、专业化服务来谋求社会化生产大协作的规模效益。实践证明，社会化、专业化服务的发展，不仅是农村分工分业不断深化的必然结果，而且是推动现代农业跨越发展的必然要求，也是我国当前农业特别是粮食生产最现实、最有效、最有潜力和需求的途径，因此，是我国现代农业和粮食生产稳定发展的核心路径。

湖南省长沙县专业防治服务组织正在为农民开展水稻病虫害统防统治（长沙县植保站供图）

发达国家的成功经验表明，专业化、社会化的服务是解决务农劳动力老龄化、城市化的根本手段，也是促进农业科技推广应用的重要途径。可以说，开展专业化、社会化服务是现代农业发展的普遍要求，是世界农业发展的共同趋势。如美国，农产品生产从播种到收割到加工到销售等各个环节，无需农民全部亲力亲为"闭门造车"，完全可以花钱买服务，坐在家里，一个电话或一个网络邮件，就有人送上门来服务。美国目前只有 200 万农民，却养活了 3 亿多美国人，还向世界出口了大量农产品，其根本原因是，美国有超过 2 000 万人为农业提供配套服务和支持，一个农民身边平均围绕着八九个人为他服务。以种子行业为例，目前全美涉及种子业务的企业共有 700 多家，其中种子公司 500 多家，既有孟山都、杜邦先锋、先正达、陶氏等跨国公司，也有从事专业化经营的小公司或家庭企业，还有种子包衣、加工机械等关联产业企业 200 多家。2010 年，孟山都销售收入 105 亿美元，其中种子及生物技术专利业务 76 亿美元，除草剂业务 29 亿美元；杜邦先锋销售收入 315 亿美元，其中种子业务 53 亿美元；先正达销售收入 116 亿美元，其中种子业务销售收入 28 亿美元。此外，全美还有 4 000 多个机场、9 000 多架农用飞机（13％为农用直升机）从事农业生产操作服务，平均 30 万亩耕地就配有 1 架农用飞机，60％以上的农药喷施是由专业的植保公司采用无人智能飞机完成，更有数量巨大的农业补贴和健全的农业保险制度为其提供保障，2011 年美国农业生产服务业增加值占农业 GDP 的比重已达到 12.7％。

随着农村劳动力越来越缺乏、农民生活水平的提高以及思想观念的变化，产中环节，包括土地耕整、播种育秧、测土配方施肥、病虫害防治、收割、运输等，已成为制约农业发展的关键环节，对市场服务的需求越来越旺盛。图为湖南省湘潭县专业服务组织在为种粮大户开展机械化插秧服务（李一平摄）

　　我国由于耕地规模偏小且高度分散，使得在农业生产的许多生产操作环节难以由农户独立完成。尤其是随着家庭农场、种养大户和涉农公司投资粮食生产的发展，对社会化、专业化服务提出了新的更高要求。由于这些新型经营主体的规模较大，而他们的精力和财力有限，抗风险的能力较差，不可能将农业的产前、产中、产后全程各操作环节全部包揽，需要有相应的组织来提供服务。特别是随着农村劳动力越来越缺乏、农民生活水平的提高以及思想观念的变化，产中环节，包括土地耕整、播种育秧、测土配方施肥、病虫害防治、收割、运输等，已成为制约农业发展的关键环节，对市场服务的需求越来越旺盛。但目前，除了机耕、机整、机收、机运等能基本满足需求外，其他如机械化插秧、统一病虫害防治、产品烘干等服务还远远不能满足需求。目前我国农业生产服务业增加值仅占农业 GDP 的 2.3％，与美国相差甚远，说明我国农业社会化服务还有很大的发展潜力。以湖南省水稻机械化插秧和病虫害统防统治服务为例，2013 年，全省水稻机械化插秧和病虫害统防统治全程承包服务面积分别仅有 1 000 万亩和 600 万亩左右，占水稻总播种面积的 15％和 10％，占适宜机插秧和统防统治区水稻种植面积的比例也仅为 21％和 15％，还有 80％～85％的发展潜力和空间。

当然，除了开展农业社会化、专业化的有偿社会化服务以外，政府的纯公益性无偿服务也是至关重要的。政府的纯公益性无偿服务主要解决市场力量办不了、办不好或不愿办的事情，包括政策法律体系、科技创新与服务体系、信息应用体系、金融支持体系、农业保险体系、财政补贴体系等。

新中国成立以来，我国公益性服务主体经历过几次折腾，到目前，已基本建成从中央到省、市、县、乡五级国家农业技术推广和执法监管部门为主导，农业科研、教学单位为科技创新主体的多元化农业公共服务体系。目前全国公益性服务机构已达 15.2 万个，成为农业社会化服务的主体。如近十年来，由农业部牵头，省、市、县各级农业部门参与组织在各地开展的粮食高产创建活动，为农民集中展示粮食高产攻关模式和关键技术，通过以点带面，推动大面积粮食增产。又如袁隆平院士领衔的超级稻研发团队，集合了全国水稻科研的优势力量开展超级稻品种的选育和配套栽培技术攻关，取得了一大批科研成果，并陆续在生产中示范、推广，成为引领广大农民发展优质、高产、高效农业的标杆，为持续调动农民的种粮积极性，促进粮食生产持续发展发挥了重大作用。还有一大批先进适用的农业机械、新型肥料和农药产品等，在生产中得到大面积推广使用，为现代粮食生产发展提供了强大的科技支撑。

总体来看，我国政府及相关部门的农业公共服务能力在逐步加强，但仍不能完全适应农业生产发展的需要。比如财政对基层农业农机技术推广的投入明显不足，公共服务手段落后、条件较差，部分乡镇农业农机化技术推广机构无办公场地、无技术推广机具、无办公网络设备以及专业人员不足等，在很大程度上制约了农业生产的发展。有的问题则主要属于技术上的难点，如 2013 年上半年湖南、广东发生的"镉米事件"中大米重金属含量超标问题，是一个目前技术难以解决的问题，需要先由政府相关部门联合组织开展科研攻关，真正找到破解土壤和大米中重金属含量超标的技术措施之后，才能彻底予以解决。

2013 年中央 1 号文件指出，"要坚持主体多元化、服务专业化、运行市场化的方向，充分发挥公共服务机构作用，加快构建公益性服务与经营性服务相结合、专项服务与综合服务相协调的新型农业社会化服务体系。"十八届三中全会通过的《中共中央关于全面深化改革的决定》更是明确提出："凡属事务性管理服务，原则上都要引入竞争机制，通过合同、委托等方式向社会购买。"这为我国当前农业社会化服务的发展指明了方向。

打个不是很恰当的比方，如果我们把家庭农场和种粮农民比作火箭发送的人造卫星、载人飞船、空间站或其他飞行器，那么，社会化、专业化服务就相当于火箭的一级、二级助推器，而政府服务部门就相当于火箭发射塔和一整套控制指挥软件系统，只有各部门共同配合和高效运行，我国现代农业和粮食生产才能像火箭发射一样实现惊险的一跃，飞向浩瀚的宇宙，抵达胜利的彼岸。

## 四、机械化是家庭农场和专业化服务的前提条件

发展种粮大户、家庭农场，以及开展农业专业化、社会化服务，一个重要的前提条件是要有比较先进的农业机械和现代化的仪器设备作为支撑。因为，无论是种粮大户，还是家庭农场，还是为农业生产服务的合作社或涉农公司等社会化服务组织，都要以农业机械和现代化的仪器设备作为主要的生产手段，都要以机械化作业作为主要的生产方式。没有先进适用的农业机械来替代人力，进行代耕、代种、代收，或者用现代化、智能化设备辅助人力开展监测、实验、统计、信息传输等工作，这些新型农业经营主体就难以完成生产经营任务。这是现代农业社会化服务发展的必然要求，是不以人的意志为转移的。

有人说，"既然我国农村劳动力多、转移难，国家财力也不富裕，农业生产还是应该鼓励多用人工，国家不一定花很多钱去发展机械化，你看从毛

泽东时代开始就一直喊搞农业机械化，到现在这个目标不还是没有实行吗？"笔者认为，持这种观点的人对我国的农业机械化发展历史和趋势还缺乏足够认识和了解。

**（一）要认清时代的变迁**

在改革开放前，我国实行的是人民公社集体所有制，一切权利归集体，农民没有自主选择工作和职业的自由，劳动力近乎无限供给，加上科技还不发达，很多机械还不适应农业生产实际，因此，农业机械化在很长一段时间内没有得到快速发展，甚至一度处于停滞、倒退状态。但最近十多年以来，由于我国工业化、城市化得到快速发展，加上老龄化时代的来临，我国正面临着农业生产比较效益低、种粮劳动力严重缺乏、粮食安全保障程度不高的严峻形势。在这种条件下，农业生产对农业机械提出了前所未有的需求。而且，现阶段，我们的科技比以前要进步多了。因此，我们重提发展农业机械化，绝不是心血来潮或者是老调重弹，而是顺应生产力发展的客观要求所提出来的一种全新的应对战略措施。发展农业机械化已成为我国新阶段现代农业发展的重要内容，是恰逢其时，大势所趋，势在必行。

**（二）要充分认识发展农业机械化的本质意义**

发展农业机械化，一方面是解放农业生产力的重要手段，把农业从以人力和畜力为主的落后低效的生产方式中解放出来，把农民从世世代代养育他们却又束缚困扰他们的土地上解放出来，进而向生产的广度和深度进军，向

部分地区开始机械化收割玉米（孙占祥供图）

农村二、三产业进军，从而切实增加农民收入。如1台拖拉机一天可耕田35亩，是人工、畜力的20倍以上；1台插秧机一天可插秧30亩，是人工的30倍；1台联合收割机一天可收割水稻20亩，是人工的40倍以上。湖南省邵东县黄陂桥镇楠木村种粮大户李玉亮深有感触："我以前承包20亩稻田，'双抢'时搞人海战术，10多天才能搞完。现在机械化作业，承包了500亩稻田，也只需10多天时间就能完成。"农机化为农业生产规模化经营和效益提高提供了强力支撑。另一方面，农业机械化让农民彻底摆脱了"脸朝黄土背朝天"的繁重体力劳动，实现了"穿着皮鞋种稻"、"挺直腰杆种田"，可以像城里人一样"从事体面劳动，过有尊严的生活"，从而进一步增强农民的幸福感。正是因为有了农业机械化，才有一大批像湖北省监利县刘应文这样在大城市从事高薪"白领"工作的"高知"年轻人才愿意抛开城里舒适体面的工作，毅然投入到全新的农业生产中来。

据笔者调查，在南方双季稻地区，50亩稻田是农民采用人力还是机械力种田的分界线。耕种面积低于50亩的，一般靠农民的人力（插秧时需请临工帮忙），可基本完成双季水稻生产的各项农事操作任务，但从事这种规模生产的农民基本上属于"辛苦不怕，操作机械不会，进城打工不适应"的老实巴交的农民，年龄一般在50岁、60岁以上。当这个群体的农民老了之后，就没有人愿意接替他们干下去了，取而代之的必然是"规模超过50亩

一台联合收割机一天可收割水稻20亩，是人工的40倍以上。图为湖南省邵东县黄陂桥镇一种粮大户采用联合收割机收割水稻（王建平摄）

以上，采用专业化、社会化服务加机械化生产"的现代农业生产方式进行生产的新型职业农民，整个水稻生产的耕整、插秧、收割和植保等农事作业都必须依赖社会化、专业化、机械化生产来完成。因此，机械化成为 50 亩以上规模经营的前提条件，那些依靠人力劳动的小规模农户生产模式，迟早会被机械化大生产所取代。这是不以人的意志为转移的必然趋势。

### （三）要看发展农业机械化的条件是否具备

近年来，受农机补贴等多个政策的拉动，中国农机装备水平和机械化水平快速提高，农机行业高位运行，完全具备农业机械化快速发展的条件。2012 年中国农机补贴资金达 210 亿元，农机总动力达到 10 亿千瓦，较 2005 年增长 40%；农作物耕种收综合机械化水平达到 55.6%，较 2006 年提高了17.6 个百分点，其中机耕、机播、机收率分别为 70.0%、43.3% 和40.0%。受农机补贴政策的影响，中国的农机投入量和农民购机信心将进一步增长，主要农机产品迅猛发展。拖拉机、收获机械等多个农机产品快速增长。其中，大中型拖拉机表现强劲，2010 年产量逼近 40 万台，收获机械产量为 80.19 万台，均创历史新高，其主要原因有两点：一是 2010 年小麦收割机在停止补贴 3 年后再次进入补贴产品目录；二是玉米和水稻机收水平相对较低，国家实施重点补贴，致使需求强劲增长。分区域来看，山东、河南、河北等省市的农机产业率先崛起，2010 年其农机总动力均超过 1 亿千瓦，其中山东省农机总动力最大，为 1.16 亿千瓦。在玉米机收和水稻种植

湖南省大力推广水稻集中育秧（王建平摄）

等薄弱环节，一些省市也已实现了突破。玉米机收方面，山东省率先实现了玉米生产全程机械化，该省 2012 年玉米机收率高达 80%；水稻种植方面，江苏、湖南省位居前列，江苏省 2010 年机械化插秧率达到 48.0%，远远高于中国平均水平。湖南省 2013 年水稻机插面积突破 1 000 万亩，机插率由 2011 年的 4.77% 提高到 2013 年的近 15%，仅 2 年时间，机插率就提高了约 10 个百分点。

湖南益阳大通湖机械化育秧播种流水线　　　农机合作社在展示机械化整田
（李一平摄）　　　　　　　　　　　（王建平摄）

此外，中国农机市场的良好态势，吸引了全球众多农机企业的进驻。全球前 10 大农机企业几乎都在中国建厂或设立销售机构。其中，John Dcere（约翰迪尔）公司和 AGCO（爱科）公司在华发展的速度尤为迅速。2011 年 5 月，John Dcere 公司在中国的第 7 个生产基地——哈尔滨新厂成立，主要生产大中型拖拉机、喷药机、播种机及收获设备。2011 年 7 月 1 日，该厂举行奠基仪式，2012 年底投产。2011 年 9 月，AGCO 公司宣布将进一步拓展在中国的生产业务，计划未来三年投资 3 亿~3.5 亿美元用于拓展现有及规划中的生产基地，其中计划大庆工厂投资 3 000 多万美元，兖州工厂投资 5 000 多万美元，常州工厂投资 2 亿美元。随着中国农机需求的增大以及市场竞争的加剧，中国本土农机企业也纷纷加大投资和研发力度。2011 年上半年，福田雷沃重工针对中原地区，成功推出 3.5 千克及 4 千克喂入量的雷沃谷神 GF35、GF40 新机型；针对东北地区，成功推出 6 千克喂入量的雷沃谷神 GN60 大型联合收割机。未来，公司在立足中国农机市场的同时，还将大力拓展海外市场。

　　近几年，"中国水稻第一省"的湖南省其农机工作可谓风生水起。该省按照校企结合、产学研结合的思路，由湖南农业大学和株洲碧浪、双峰农友联合建立了一个现代农业装备研发中心，扩大了省内农机创新研发队伍。共研制出 27 种新型农机具，对 50 多种农机 200 多个部件进行了改进，引进精密的整机生产线 6 条。此外，三一重工、中联重科、山河智能、远大空调等"四大家"先进机械制造企业早在几年前就已涉足农业装备制造，如中联重科的小型挖掘机、远大空调的农用净水机和渗灌设备、山河智能的农用飞机等，目前着手研发更先进更高端的农业机械，以及批量在湖南生产的问题。湖南省农机局还与美国约翰迪尔、日本井关公司有了深入洽谈，这些企业也将很快在湖南落地生根……这一系列的举措和新动向，预示着我国农业机械化在不久的将来会有一个崭新的发展。

几位种粮大户在农机博览会上参观农机（李一平摄）

　　当然，我国农业机械化特别是山区、丘陵区的农业机械化发展还存在一些问题，主要包括：

　　一是适合丘陵山区的高性能、高效率、低能耗、小型作业机具少。我国是一个丘陵山地占国土面积 70％的国家，目前，适应于丘陵山区的机械品种单一，科技含量较低，产品性能不稳定，一些适应性较好的机具没有纳入国家农机补贴目录，已成为我国农业机械化发展的瓶颈。如水稻病虫害防治需要的施药机械，目前只能应付千家万户的小农需要，还不能满足专业化统防统治的需求。如现有的担架式喷雾机太笨重，需要 3～4 个人同时操作，效益不高；背负式喷雾机油耗较大、噪音大，施药者打药时很辛苦，对身体损害较大；质量较轻、操作较方便的电动喷雾器相对较好，但电池反复充电容易坏，施药效率也有待进一步提高；近两年新出现的无人驾驶飞机或飞行器，施药效率比传统喷雾器械有显著提高，但对水稻基部病虫的防治效果以及机械的操控性、稳定性等方面还有待提高，加上价格较昂贵，目前还不能被普遍接受。我国现有的农机制造企业，由于大多数规模较小，创新能力较差，产品结构趋同，缺少智能化、复式作业、多功能的农机产品，远远不能满足市场需求，这种状况在很大程度上制约了农机技术的普及与发展。尤其是南方水稻机械化插秧和北方玉米机械化收获已成为农作物机械化作业最落后的环节，是制约我国农业机械化发展的两大瓶颈。如水稻播种面积最大的湖南省，虽然通过近几年的大力发展，水稻机械化插秧率有较大提高，但仍只占水稻播种面积的15%左右，不少地方水稻机械化插秧还是空白。

二是南方农田基础设施差，农机化作业设施不配套，制约了农业机械的普及推广。我国南方多属丘陵山地，农户的地块狭小且高度分散，加上农户不愿长期流转土地，农作物插花种植现象严重，农机安全行走要求的机耕作业通道缺乏或不配套，严重影响了农机下田作业的范围和作业效率。如核定每小时可收6亩的联合收割机在很多地方一天（按10小时计）只能收25亩左右。机械化效率难以发挥，影响了农机化的发展。

三是农机研发推广经费投入虽然近年来有所增长，但仍然严重不足、农机补贴政策亟待完善。总体来看，我国对农机产业的投入虽然近年来有所增长，但仍然严重不足，尤其是地方政府对农机推广工作经费和农机补贴配套投入不到位，喊口号的多，落实的少。如有的没有农机化示范基地，有的虽有示范基地，但示范演示的东西与生产上推广补贴的东西不相符，政府引导扶持农民及农机服务组织的购机力度不够，一些好的农机新产品不能及时进入政府补贴目录，有的虽进入了目录，但缺乏后续支持，严重影响我国农机产品的更新换代和农业机械化发展。

以上问题，亟须各级政府部门加强合作、引导、服务和监管，各相关农机企业加大投入、加强科技创新，各农机服务组织加强企业内部管理和行业自律等，才能共同推进中国农业机械化的快速发展。

**延伸阅读**
YANSHEN YUEDU

# 刘应文硕士回乡领办农机合作社
## ——让农民"挺起腰杆"种水稻

本报讯（记者　何红卫　通讯员　黄建军）"水稻生产几千年来让农民弯腰驼背，工厂化育秧、机械化插秧就要让乡亲们挺起脊梁。"4月26日，在湖北省水稻生产第一镇监利县黄歇口镇，望着一台台插秧机在一块块稻田里留下一行行绿色，回乡领办农机合作社的"硕士农民"刘应文，目光中透出喜悦和满足。

刘应文出身监利县农村，求学期间每年都要回家参加"双抢"（抢收早稻、抢插晚秋），对"三弯腰"（弯腰扯秧、插秧、收割）劳作的艰辛体味深刻。2004年6月从华中科技大学硕士毕业后，刘应文一直在大城市从事高薪"白领"工作，在工业项目策划行业如鱼得水。2012年10月，他毅然作出回乡种田的决定，并与9个农资经销商"抱团"，投资400多万元，在黄歇口镇组建了农机专业合作社。短短几个月，一座现代化的育秧工厂拔地而起，一个以工厂化育秧为主导，机械插秧、植保、收割等全程作业服务为支撑的"工业化水稻生产模式"崭露头角。

刘应文"弃工从农"令身边很多人意想不到。"好不容易考个名牌大学，又回家种田，那书不白读了？"一开始，刘应文的想法把年近七旬的父母吓了一跳，一辈子种田的"老把式"不相信种田还能搞出个事业来，后来看着一天天"长大"的育秧工厂，悬着的心开始慢慢放下。

监利县是全国水稻第一县，近年来，随着国家惠农政策的落实，农村面貌发生了很大变化，但农村劳力大量转移到城市，"明天谁来种田，如何种田"成为新的困惑。湖北省委政研室农村处余爱民认为，随着农业生产组织化、规模化、集约化、专业化程度的提升，现代农业正加快取代传统农业，"监利的工厂化育秧、机械化插秧就是一个方向。"

"硕士种田，前途无量。"监利县委书记董新发对刘应文充满期待。董新发说，监利县水稻种植面积180多万亩，工厂化育秧前景广阔。"关键是，农村劳力得到解放，从传统农民变成育秧工人等职业农民，更多的人可以外出打工。"

刘应文更是信心满怀。他计划，在 2013 年完成工厂化育秧"公司＋合作社＋农户"改组；2014 年在监利县汪桥镇新建一个工厂化育秧基地，辐射到江陵县和石首市部分乡镇的水稻机械化插秧市场；2015 年在荆门市和潜江市分别再建一个工厂化育秧基地。三年时间，做成江汉平原知名的工厂化育秧合作社连锁集团。

（引自《农民日报》，2013 年 4 月 27 日 01 版）

## 五、职业农民＋家庭农场＋专业化服务＋机械化生产＝中国式规模农业

本书前面分别论述了新型职业农民、家庭农场、专业化服务和机械化生产对中国现代农业建设和粮食生产稳定发展的重要作用。通过论述，我们不难得出结论，新型职业农民、家庭农场、专业化服务和机械化生产这四个要素已成为制约我国现代农业特别是粮食生产稳定发展的核心要素。抓住了这四个核心要素，就等于抓住了中国现代农业建设的关键；抓好了这四个核心要素，就等于抓好了中国式现代规模农业。

职业农民＋家庭农场＋专业化服务＋机械化生产，这是笔者设想的适合当前和今后很长一段时期中国现代农业和粮食生产稳定发展的核心路径。这条核心路径看起来是一个折中路线，但实际上，是符合中国实际的发展粮食生产的最现实、最有效、最有潜力的路径。因为，中国不同于美国，中国人多地少，土地资源相当贫乏，而美国人少地多，土地资源丰富，这就决定了中国不可能走美国式大规模农场的道路。中国也不同于日本、韩国等东亚国家和我国台湾地区，尽管都存在人多地少的共性问题，但中国幅员广阔、人口特别是农民众多，如果这么多的农民都像日本、韩国、中国台湾那样去搞小规模兼业经营，中国的农业永远无法提高竞争力，粮食等农产品就会受制于人，尤其是口粮的安全就永远无法得到绝对保障。这既是中国国情决定的，也是马克思主义经典理论早就明确了的。

马克思主义关于生产力和生产关系的经典理论告诉我们，"人类进行物质生活资料的生产既要同自然界发生关系，人们之间也要发生一定的社会关系，这就构成了生产力和生产关系，二者辩证统一于生产方式。""生产力最

终决定生产方式的存在、发展和变革；生产关系则直接规定生产方式的性质。生产力和生产关系的相互作用构成生产方式的矛盾运动。""在新的生产关系建立起来以后的一定时期内，生产关系的性质同生产力的发展要求基本上是相适合的，这时，生产关系对生产力的发展具有积极的推动作用，因而保持生产关系的相对稳定，是生产力发展客观要求。这时生产关系和生产力之间虽然也有矛盾，但不具有对抗性质，因此，不会、也不需要对生产关系进行根本变革。当社会生产力发展到一定程度，原来适合于生产力发展要求的生产关系，就逐渐变成不适合新的生产力发展要求了，矛盾就日益激化起来，其性质也由非对抗转化为对抗，这时就必然要提出根本变革旧的生产关系的要求，于是就进入到根本改变生产关系性质的阶段。在生产关系的根本变革实现以后，生产关系同生产力的不适合又转化为适合，从而又在新的基础上开始了生产力和生产关系之间的矛盾运动。生产关系和生产力由适合到不适合，再到新的基础上的适合，是一个循环往复的无限的前进运动过程。这就是生产力与生产关系矛盾运动的基本形式。"

根据马克思主义经典理论，本书关于"新型职业农民、家庭农场、专业化服务和机械化生产"这四个核心要素中，"职业农民""机械化生产"对应着生产力三要素中的"劳动力"和"劳动工具"两个要素，而"家庭农场"和"专业化服务"对应着生产关系中的所有制形式和具体的生产方式。我国改革开放三十多年来，通过实行家庭联产承包责任制极大地释放了农民的生产积极性，促进了农业生产的发展，粮食连续十年丰产，农民收入逐年稳步增长。但是，当前，随着我国老龄化、城市化、工业化和基础设施建设的加速推进，农业劳动力和土地等资源要素已不像以前那样近于无限供给，而是越来越成为稀缺资源，加上农民观念的变化和种粮比较效益严重偏低，使得我国当前农业出现严重的"用工荒"，这就对生产力和生产关系均提出了新的变革要求，一方面从生产力的角度来看，出现了用"机械力"代替"人力和畜力"的趋势，这就必然要求大力发展农业机械化，即大量推广各种先进适用的农业机械，同时要培育一大批有知识、懂技术、会操作农业机械、会经营管理的新型职业农民；另一方面，从生产关系的角度，为了提高农业生产经营效益，必须结合农业行业的特点，大力推进规模经营，而推进规模经营的途径就是发展适度规模的家庭农场和专业化、社会化服务，即由涉农公司、合作社等，与家庭农场、种养大户建立契约关系，向其提供产前、产中、产后各环节的生产操作服务。

近几年湖南机插秧增幅较大，水稻机插率由 2011 年的 4.77％提高到 2013 年的近 15％。图为湘潭县农机部门向种粮大户展示水稻机械化插秧（王建平摄）

这样，通过生产力和生产关系两个方面的改革、创新和发展，最终使农业生产力和生产关系两者互相适应，相互促进，达到一种新的协调平衡状态，从而推动我国现代农业向一个全新的阶段和更高层次发展。

正因为如此，党的十八届三中全会通过的《中共中央关于全面深化改革若干重大问题的决定》指出："加快构建新型农业经营体系。坚持家庭经营在农业中的基础性地位，推进家庭经营、集体经营、合作经营、企业经营等共同发展的农业经营方式创新。鼓励承包经营权在公开市场上向专业大户、家庭农场、农民合作社、农业企业流转，发展多种形式规模经营。"这是生产力与生产关系、经济基础与上层建筑必须相互适应、协调发展的必然要求。

因此，走好"职业农民＋家庭农场＋专业化服务＋机械化生产"这条核心路径是我国当前建设和发展现代农业，尤其是抓好粮食生产的核心任务。当然，要走好这条道路，一定会面临许多障碍和困难，譬如：职业农民的培育问题、土地集中的问题、农业社会化服务的问题、农田基础设施建设的问题、农业投资融资的问题、农业保险的问题、粮食市场调控问题、财政补贴优化的问题等。但只要我们坚定地沿着这条路径走下去，并对发展中出现的问题进行大胆改革与创新，相信中国农业的明天一定会更加美好！

# 湖南：大户带动早稻机插秧

"稍等一下，有'新铁牛'在，我十来分钟就把这丘两亩田的秧插完了，而以往人工插秧从早到晚不停歇也要两天才能完成。"2013 年 4 月 21 日，湖南省长沙市望城区"金成土地专业合作社"理事长王成在田间冲着记者说。随着湖南省农机局以大户带动为抓手，强力推进水稻机插秧，目前湖南实现早稻机插秧近 600 万亩，其中至少 50％以上的早稻机插秧面积由各类农机合作组织完成。

据湖南省农机局局长王罗方介绍，湖南是水稻生产大省，实现水稻生产机械化插秧，既是水稻生产环节的一次革命，也是粮食生产力的一次大提升。因此，湖南省坚持"合作化"与"机械化"两手抓，通过大户、合作组织带动，让能够开展机插秧的地方全部使用农机作业，达到"烧旺一堆火、照亮一群人"的效果。

这样的成效已经逐步显现，近几年湖南机插秧增长较快，2012 年水稻机插率由 2011 年的 4.77％提高到近 10％。2013 年，湖南省农机局提前谋划，强力推进，努力实现"机插面积突破 1 000 万亩、水稻机插率达到 15％以上"的目标。

湖南农机春耕生产到底怎么样？记者日前跟随湖南农机春耕生产采访组一起调查采访，实地见证了农业机械化让更多的农户"穿着皮鞋去插秧"的风采，明显感受到农户特别是种粮大户"农机助我农业梦"的喜悦。

岳阳市湘阴县是典型的"乡村农业"，也是湖南乃至全国的产粮大县，全县共成立了 178 个粮食生产合作社，86％的农户加入种粮合作组织。湘阴县副县长张浩果认为，对湘阴来说"无机不成"，目前 80％的早稻田实现机插秧，而其中大户等合作组织的机插秧比例就占到了 70％。相对于湘阴县，长沙市望城区则是城市休闲农业区，土地流转规模较大。望城区副区长姚建刚说，望城全区水稻面积绝对量并不大，因此要靠大户带动，进行规模化经营、机械化操作，以此来节约成本，提高效率，并且还可以增加产量。2013年全区早稻机插面积中90%是由种粮合作社、家庭农庄等大户来完成。在望城唯一一个保留"乡名"的农业强乡新康乡，每一丘田都实现了机耕、机收和机运，实现了3个100%，现在主要向"机插"挺进，早稻机插率达到了30%，经过测产对比，机插秧比传统插秧能使每亩水稻增加产量29千克。

岳阳市屈原管理区和益阳市大通湖管理区都是在国有农场基础上改制而成的县级行政管理区，因"农"而生，因"农"而兴，成为国家现代农业示范区，因而，农业机械化作业均是两区的"重头戏"。

屈原管理区区长许平亚说，粮食产业是该区的主导产业，因而把包括机插秧在内的水稻全程机械化纳入到"年度工作考核"的范畴，奖罚分明。对机插秧空白乡、村和推广不力的实行一票否决；而对千亩以上的机械化育插秧大户，仅合作社就予以奖励25万元。记者在该区河市镇三联村看到，全村3 000多亩水稻田进行整村机插秧，而这样的整村推广已经在全区5个乡镇实行。目前，全区1 000亩以上的水稻农民专业合作社就达9个，带动全区完成了机插秧面积6万亩，占全区早稻面积的45%。通过全程机械化操作，粮食增产，农民增收，2012年屈原管理区农民人均纯收入12 834元，是当年湖南省农民人均纯收入的1.7倍，更重要的是，农业机械化在该区农业生产增收这一项的作用当中占到了46%。

大通湖区副区长张勇军告诉记者，大通湖区的一个鲜明做法是由农机大户采取跨区作业、订单作业进行社会化服务，来获取一笔可观的"农机作业费"。位于千山红镇南河村的兴隆现代农业农机专业合作社利用高效的农机设备，帮助向南村等区村社进行机械化耕作服务，2013年以来，实现机械化育插秧收入近30万元、田土机械化翻耕收入29万元。

（引自张振中《农民日报》，2013年4月27日01版）

# 第四章 培育新型职业农民：破解"谁来种粮"难题

当前，我国正处于传统农业向现代农业转变的关键时期，大量先进农业科学技术、高效率农业设施装备、现代化经营管理理念越来越多地被引入到农业生产经营的各个环节和领域。随着工业化和城镇化的快速推进，大批青壮年农民向城镇转移，加上老龄化时代的来临，农村普遍出现劳动力素质下降、老龄化和兼业化等问题。加快培育新型职业农民，让一大批综合素质高、生产经营能力强、主体作用发挥明显的农业后继者稳定长久从事农业生产经营，是近年来中央 1 号文件提出的农业、农村工作核心任务，也是摆在我们面前的一个重大课题。本章将从新型职业农民的内涵与分类、新型职业农民培育的现状与存在的主要问题入手，从扶持政策、培育方式、体制机制等方面提出新型职业农民培育的相关对策，为现阶段我国新型职业农民的培育工作提供参考。

## 一、新型职业农民的内涵与分类

职业农民首次出现在 2005 年农业部颁发的《关于实施农村实用人才培养"百万中专生计划"的意见》中。2006 年年初，农业部进一步提出招收 10 万名具有初中以上文化程度，从事农业生产、经营、服务以及农村经济社会发展等领域的职业农民，把他们培养成有文化、懂技术、会经营的农村专业人才。2007 年 1 月，《中共中央国务院关于积极发展现代农业 扎实推进社会主义新农村建设的若干意见》首次正式提出培养"有文化、懂技术、会经营"的新型农民。2007 年 10 月，新型农民的培养问题写进党的十七大报告。2012 年和 2013 年，连续两年的中央 1 号文件均指出"大力培育新型职业农民"。这是国家层面的几次重点阐述，职业农民、新型农民等概念的提出是当前我国社会主义新农村和现代农业建设理论和实践领域的重大创新。

对职业农民的定义，目前学术界尚未形成统一的观点。长期以来，西方学术界一直以 peasant（传统农民）而不是 farmer（职业农民，也翻译成农场主）称呼中国农民。根据美国人类学家沃尔夫的经典定义，传统农民主要追求维持生计，他们是身份有别于市民的群体；而职业农民则充分地进入市场，将农业作为产业，并利用一切可能的选择使报酬最大化。沃尔夫对传统农民和职业农民的定义实际上道出了两者的最大差别。传统农民是社会学意义上的身份农民，它强调的是一种等级秩序；而职业农民更类似于经济学意义上的理性人，它是农业产业化乃至现代化过程中出现的一种新的职业类型。

笔者认为，新型职业农民可以定义为：具有较高农业生产技能、文化素质和社会责任，自主选择在农业一、二、三产业充分就业，专业从事农业生产、经营或服务工作，其主要收入来源于农业的农民。新型职业农民是农业现代化和新农村建设的主力军。

新型职业农民按照从事农业产业类别，可主要分为两种类型：

一是生产服务型职业农民。这类职业农民大都掌握一定的农业生产服务技能，有较丰富的农业生产服务经验，直接从事粮食、经济作物、鲜活食品、创汇农业等农业生产。主要包括农民专业合作社社员以及在农场、基地、农业企业被雇佣的"农业工人"，如农艺工、蔬菜园艺工、淡水养殖工、花卉园艺工、家禽繁殖工、家禽饲养工、制种工、果树育苗工、农药生产工、饲料生产工、蔬菜加工、农作物植保员、施药防治的机防手、动物防疫员、沼气生产工、农机驾驶员、农机修理工、农产品质量安全检测员等。

二是经营型职业农民。这类职业农民有资金或技术，掌握农业生产技术，有较强的农业生产经营管理经验，主要从事农业生产的经营管理工作。主要包括农民合作经济组织、各类农协负责人以及规模种养大户、农场主、基地带头人、农业企业经理、农产品经纪人、农资营销员等。

## 二、新型职业农民培育的现状与存在的主要问题

我国自 2012 年 8 月在安徽省蚌埠市正式启动实施新型职业农民培育

试点工作。计划在 3 年内，选择 100 个试点县，每个县根据农业产业分布选择 2～3 个主导产业，培育新型职业农民 10 万人。各地立足当地资源禀赋和优势特色产业，把专业大户、家庭农场主、农民合作社负责人、农机手等作为重点培育对象，加强技能培训，强化政策扶持，发挥示范带动作用，引领主导产业发展。按照农业部提出的制度框架，在实践中不断丰富和完善制度内容，初步构建起教育培训、认定管理与政策扶持"三位一体"的制度体系。据农业部统计，目前，全国 100 个试点县中，已有 88 个县建立了新型职业农民教育培训制度，73 个县制定了认定管理办法，61 个县明确了扶持政策。但据笔者调研，目前真正给农民发放职业农民证书的很少。目前我国新型职业农民培育主要存在以下问题：

### （一）对新型职业农民培育的认识问题

新型职业农民培育是一项全新的事业。但目前从政府领导到专家学者到普通民众，对新型职业农民培育的认识还不是很一致。有的认为新型职业农民与传统农民没有多大区别，所以没有必要大张旗鼓地宣传和扶持；有的认为，中国人多地少和土地集体所有制的国情不适合发展职业农民，或者目前还不是发展职业农民的最佳时机；有的认为职业不职业都是农民自己的事，应由农民自己去解决，政府不必花那么大的财力、精力去推动等。这些认识在实际工作中将成为新型职业农民培育工作推进的最大障碍。

### （二）新型职业农民的培训问题

要想培育新型职业农民，加强农业职业教育和培训是基础，而我国目前的农民培训体制机制还不能够满足新型职业农民培育的需要。一是新型职业农民培训项目的立项问题。目前尚没有国家专项培训项目的支持，靠从劳动力转移阳光工程等项目中调剂资金，制约了新型职业农民培训的进程。二是新型职业农民培训的组织实施问题。新型职业农民培训最关键的是如何挑选出那些有一定产业、愿意扎根农村积极创业的有文化的年轻人，把他们组织在一起根据从事的产业和个人的特长、爱好等进行分类培训，而不是随便抓几个农民来凑数。在目前政府开展的各类培训中，包括新型农民培训和创业农民培训，在组织实施方面还做得不够好，没有对培训对象进行很好的筛选和分类，往往把种养大户、小户混在一块进行培训，甚至有的地方为了完成培训任务，把老人和青少年都叫来参加培训，导致培训效果不好，培训流于形式，培训效率有待提高，培训监督机制也不完善。三是新型职业农民教育培训课程体系建设问题。在新型职业农民培训过程中，培训课程和内容的设计非常重要，如果没有针对性的培训课程，那么培训就不能收到好效果。新型职业农民的定位是要扎根农村，开展规模化现代农业经营活动，实际上他们是在农村创业，是创业型农民。而现在的农民培训项目的课程和内容基本上以单一的专业技能培训为主，缺少创业理念、经营管理、投资融资、风险控制、市场拓展等方面的课程。四是新型职业农民培训机构和师资队伍问题。现有的培训项目很多是凭关系照顾委托给相关涉农学校承担，培训教师也主要是这些学校的老师，而学校的很多老师是从学校到学校，理论知识很丰富，实践经验却很少。这就无法解决新型职业农民所提出的问题，不能从理论与实践结合的角度给农民提供有用的知识和方法，培训效果也就无从谈起，浪费了国家的培训经费。

**（三）新型职业农民的资格认定和相关扶持政策问题**

农业的生产和经营也是一种技术性非常强的工作，农民要真正迈向职业化，就必须参照其他技术性行业实施职业准入制度。大多数西方发达国家的职业农民都建立了职业准入制度，例如在德国，要想成为一个合格的农民，就要经过严格的实践劳动锻炼和理论学习过程。虽然我国的国情与西方国家存在很大差异，但在我国建立职业农民的职业准入制度，也有可行性和必要性。一方面，相对传统农民而言，职业农民代表了一种高层次的职业，实施职业准入并不是覆盖所有传统农民；另一方面，农业也是国家的基础产业，涉及国家的安全和社会的稳定，建立职业农民的准入制度，有利于提高农业的地位，有利于国家对农业的扶植、监督和管理。只有建立职业准入制度，职业农民的教育培养才能具备有效的抓手。但以往的农民培训项目可谓五花八门，培训机构给农民发这个证那个证，却没有一个证有用。因为这些证书名称不统一，又缺少配套扶持政策支持，"含金量"非常低。今后对新型职业农民的培育，必须打破以往的模式，严格要求，一是必须真正培训合格后才能由政府主管部门发给相应认证证书；二是一旦获得认证证书，地方政府相关部门就必须对认证农民从土地流转、农业补贴、信贷担保、农业保险、社会保障等方面进行支持，这样才能让新型职业农民真正愿意扎根农村积极投身"三农"事业。

### 三、新型职业农民培育的对策

#### （一）切实提高认识，真正重视职业农民培育工作

党的十八届三中全会，对全面深化改革作出了战略部署，对农村改革创新提出了明确要求。大力培育新型职业农民，是深化农村改革、增强农村发展活力、解决未来谁来种粮问题的重大举措，也是发展现代农业、保障重要农产品有效供给的关键环节。确保国家粮食安全和重要农产品有效供给、推进现代农业转型升级、构建新型农业生产经营体系，都迫切需要培育新型职业农民。因此各级政府特别是农业部门要认真学习、深刻把握党的十八届三中全会精神，充分认识新型职业农民培育的重要性紧迫性，加快推进农民的职业化进程。把培育新型职业农民纳入农业农村经济工作总体部署，作为当前和今后一个时期农业农村经济工作的中心任务和重点工作。要在认真总结借鉴试点工作经验的基础上，加大工作力度，创新培育模式，采取有效措施，推动新型职业农民培育切实取得突破性发展。要加强组织领导，加大投入力度，设立职业农民培育专项资金，建立长效投入机制。要加快推进试点，及时总结试点经验，为全面推进新型职业农民培育做好制度储备。要做好宣传引导，在全社会营造推进新型职业农民培育的良好氛围。

#### （二）突出教育培训，创新职业农民培育方式

教育培训是职业农民培育制度体系的核心内容。这是由职业农民"高素质"的鲜明特征决定的，要做到"教育先行、培训常在"。一是明确培训对象。在对现有农业从业人员包括广大务农农民和农村实用人才带头人进行继续教育，提高他们的务农本领和生产经营水平的同时，加强对农村新生劳动力、返乡农民工和有志从事现代粮食生产的城市青年开展农业创业教育与技能训练，培育高素质农业后继者。在培训对象的选择上要充分考虑其兴趣爱好，让农民自主选择是否接受培训，避免出现"被培训"，造成财政资金浪费，达不到实际效果。二是整合培训项目。要紧紧围绕确保国家粮食安全和主要农产品有效供给目标任务，结合当地产业发展实际，以提高农民素质和农业技能为核心，整合农村劳动力转移培训"阳光工程"、农民创业培训，设置新型职业农民培训项目，按照国家农业行业职业标准，开展农业相关技能培训，重点培养现代农业产业技术工人和现代农业规模经营者（农场主和

农业企业家两类人员）。三是创新培训方式。采取理论与实践教学相结合，产学交替，多形式教育培训职业农民，提高针对性和实效性。尤其要着力采取现场参观、实习体验和分组讨论等有效形式进行培训。在进行集中培训后必须分散到经过资格认证的农场、基地、园区进行实习，包括生产、经营、管理等知识和技能进行分段全程见习，边学边干，考核通过后才能发给相关技术证书。培训之后，还要由学员填写培训评价表，对培训效果进行评价，从课程内容、资料准备、授课艺术、接受程度、课程实用性、案例与互动、总体印象等方面进行评估，并要求学校对学员进行三年或终身跟踪回访及创业辅导和支持，及时帮助解决创业中的实际困难，有条件的学校可探索建立导师制度，即对职业农民开展"一对一"教学指导和跟踪服务，进一步提高教学效果。四是结合新型职业农民教育培训需求，建设新型职业农民教育培训师资库，特别要注重兼职队伍的建设。要组织理论和实践经验丰富的人员编写教育培训教材。加强教育培训条件建设，以地方农广校、涉农职业学校等为主体，建立方便、舒适、现代化的新型职业农民培育基地，着力打造职业农民培育的品牌机构。

**（三）开展认定管理，出台配套扶持政策**

认定管理和政策扶持是职业农民培育制度体系的基础和保障。只有通过认定和扶持，才能推进职业农民的快速稳步发展。一要明确认定条件和标准。职业农民应具有社会责任感和职业道德，有一定文化程度，接受过农业教育培训，能够贯彻落实国家"三农"政策要求。要着重培养生产服务型、经营型两大类新型职业农民。具体要根据农民从业年龄、能力素质、经营规模、产出效益，分产业、分类型、分区域构建职业农民认定指标体系，制订认定标准，在尊重农民意愿的基础上进行认定。如法国规定，作为青年后继者须在18岁以上、35岁以下，具有高中以上学历；作为专业农民，要求年龄在21～35岁，经营耕地面积在12公顷以上，并参加过农业部部长批准的教育培训机构不少于40小时的农业入门培训者，而且还要积极纳税。二要实施动态管理。制订新型职业农民管理办法，对认定的新型职业农民进行动态管理，明确责任主体。要对认定的职业农民建立信息档案，并向社会公开，接受社会监督，定期考核评估，建立能进能出的动态管理机制。三要制定配套扶持政策。没有配套扶持政策的资格认定是没有生命力的，发达国家普遍都有相应的配套扶持政策，如英国政府规定，农场工人上课时工资由农业培训局的政府基金支付，农场主不用支付。对获得职业资格证书的农民给予优惠待遇，主要有：①有权购地租地，申请建立自己的农业企业和经营农场；②可得到政府提供的低息贷款；③创办农场第一年可得到政府提供的资助和补贴；④初始几年政府可对农场减免税收；⑤政府可派农业顾问对农场提供技术援助；⑥在继承农场时享有优先权。法国、韩国等国也都有类似规定。而我国在这方面还没有明确的规定，亟须加强创新。当务之急要：创新土地流转机制，鼓励适度规模的土地向职业农民流转集中；在稳定现有各项惠农政策基础上，将新增的农业补贴向职业农民倾斜；持续增加农村信贷投入，建立担保基金，解决职业农民扩大生产经营规模的融资困难；扩大对职业农民的农业保险险种和覆盖面，并给予优惠；加快与户籍制度相关的配套制度改革，逐步取消农业户口与非农业户口的划分，建立起城乡一体、推动农民自由流动、自主择业的新型户籍制度；参照工业企业职工社会保障标准，建立职业农民由个人缴费、企业补助、政府补贴相结合的职业农民养老保险等社会保障体系。

### （四）推进制度化、法制化建设，建立职业农民教育培训的长效机制

职业农民教育培训能否落到实处，取得实效，从长远来看，关键要有制度和法制作保障。要借鉴发达国家和地区的先进经验和有效做法，抓好职业资格准入和职业农民教育培训的制度化和法制化建设，积极营造职业农民教育培训的良好环境。不少国家通过法律手段，将农业生产经营、农场继承和管理与接受农业教育的程度挂钩，建立起了严格的职业资格准入和农民教育培训制度，通过法规、政策资金引导，鼓励和支持农民提高自身科技文化素质。如英国1981—1995年先后发布了5个与农业职业教育有关的白皮书和政策法规，为本国农业职业教育的健康发展提供了有力保证。20世纪60、70年代，韩国针对农村青年人急剧减少，尤其是高学历、高素质的青年农民离开农村和农业的现象，在1980年和1990年先后制订了《农渔民后继者育成基本法》和《农渔民发展特别措施法》为培养农业后继者和专业农户从法律上提供了保证。日本早在1948年就颁布了《农业改良助长法》，其主要内容就是关于如何发展农业教育推广事业，包括对农业教育的目标任务、机构设立、经费来源、人员配备及其待遇等事项均作出了具体规定。日本目前

从事农业生产的农民有 50% 以上毕业于农业大学和综合性大学的农学部，主要得益于该法。我国也有部分地方进行了先行试点。如 2010 年 8 月 1 日，天津市人大颁布实施《天津市农民教育培训条例》，2011 年 4 月甘肃省人大颁布实施《甘肃省农民教育培训条例》。福建省在 2013 年省委 1 号文件中启动了"万名新型职业农民素质提升工程"，补助 1.2 万名农民进入农业大中专院校进行学历教育和职业技能培训，省级财政每年安排专项资金 2 200 万元，三年后，每年投入 6 600 万元。龙岩市的漳平市、永定县和长汀县 3 个试点县都制订出台了《新型职业农民培育认定及管理办法（试行）》，目前已为 238 名农民发放了资格证书。各地要借鉴这些经验，通过法律形式为职业农民资格认定和教育培训的组织管理、资金投入、培训机构、农民接受教育培训的权益等提供稳定、可靠和持续的保障。

## 要当就当职业农民
### ——福建省大力培育新型职业农民纪实

"农民上大学，政府来埋单"。这种新鲜事，在福建省可不再是新闻。福建省有关部门日前刚刚下发通知：从 2013 年起，在全省范围内每年培养 2 000 名具有涉农专科学历的新型职业农民，同时培养 1 万名具有中职学历的新型职业农民，学费全免。这种针对农民开展大中专学历教育的做法在全国尚属首次。

"万名新型职业农民素质提升工程"是福建培育新型职业农民的一项重大创新。2013 年 4 月，来自全省各地的 2 000 名种养大户、家庭农场主、农民专业合作社负责人已成为首期学历教育大专班的学员，正在接受为期 3 年的培训。

近年来，福建省在培育新型职业农民方面力度大、创新多，结合现代农业建设和优势特色产业发展需要，统筹推进新型职业农民培育试点工作，成效显著，走出一条福建新型职业农民培育的创新之路。

### 既有专项资金投入，也有健全机制做保障

"新型职业农民培育是一项新探索、新工作，涉及到政策制定和制度安

排，必须要上下重视，齐心协力，多部门联合行动，当作一件大事来做。"福建省副省长陈荣凯认为，现代农业发展必须要提升职业农民的素质，必须要有充足的资金投入来做保证，并配以完善的政策制度。福建省委、省政府2013年先后出台了《关于加快现代农业建设推进农业农村改革发展的若干意见》和《关于加快推进现代农业发展的若干意见》，对新型职业农民培育工作做出重要部署。

龙岩市的漳平市、永定县和长汀县，都是农业部2012年确定的新型职业农民培育工作试点县，为了推进新型职业农民培育，福建省农办积极为试点县争取多部门支持。2012—2013年，龙岩市将"培育新型职业农民"都列入市级"为民办实事"项目，建立由市农办牵头，市财政局、农业局、林业局、农科所、农校等单位组成的联席会议制度，整合多部门力量，共同研究推进试点工作。两年来龙岩市财政共投入900万元专项资金用于试点工作。

福建省委、省政府在2013年的省委1号文件中启动了"万名新型职业农民素质提升工程"，补助1.2万名农民进入农业大中专院校进行学历教育和职业技能培训，培养一批新型职业农民。省级财政安排专项资金2 200万元，三年后每年投入将达到6 600万元。

有了资金，还要制度和机制来保障。龙岩市建立了月报制度、季度会商制度和不定期巡查制度，定期召开工作联席会议。

三个试点县还围绕认定标准及条件、认定程序、培育机制、保障措施、准入及退出机制等方面，制定出台了《新型职业农民培育认定及管理办法（试行）》，确保试点工作制度健全、有章可循。

现在，龙岩市在着重推进三个国家级试点县新型职业农民培育工作，还引导辖区内其他4个县（区），根据各自产业特点及财力状况开展新型职业农民培育工作。新型职业农民从试点先行，开始全面铺开。

### 实施素质提升工程，创新职业农民培训思路

"除了原有的阳光工程、雨露计划等农村劳动力培训项目，2013年福建省还启动了'万名新型职业农民素质提升工程'，打破传统观念，选送一批农民到大中专院校进行学历教育，实现免试入学、免费学习，在培训方式、培训内容上实现创新，创新了职业农民的培训思路。"福建省委农

办主任张立先介绍。

首批入学的 2 000 名大专学员是从福建省园艺、畜牧、水产、林业四大主导产业的规模种养大户、农民合作社负责人当中层层选拔出来的，具有中专或高中以上的学历。而中专学历教育则围绕县域农业产业布局对人才的需求开展培训。大专学历教育还从农村选送学员参加农村经济管理专业的培养教育，提高乡村治理水平。

在课程设置和培养方案上，福建省从"学历教育"向"产业教育"转变，大胆进行教学改革。首期大专班教学删减了英语、高等数学等实用性不强的传统基础类课程，增加了农民实际生产经营中急需了解掌握的知识。2013 年 7 月，龙海市隆教畲族乡对虾养殖专业户杨惠龙因台风袭击损失较严重，他按照信贷实务课程农村信用社业务员指导的方法，从龙海市信用社贷到钱，重新开始养殖。他感慨："课程为我解答了很多贷款融资上的问题，太实用了。"

在教学方式上，学校避开农忙时节合理安排集中面授的时间，同时邀请生产一线的专家学者开设专题讲座。福建农林大学还为经济管理专业合作社负责人班举办了"新农民"论坛，由 17 位来自全省各地的农民合作社理事长讲述各自困难，邀请专家、教授担任点评嘉宾，开展案例教学。

为了延伸、拓展学历教育的作用和效果，素质提升工程还实现了交流互动平台的创新。学员们可以利用 QQ 群、微信群等现代通信手段进行互动交流。厦门海洋职业技术学院从事水产养殖的学员在学习期间认识了培育鱼苗、经营饲料等领域的学员，交流接洽达成了供需协议，成了合作伙伴。这样的例子在其他几所学校比比皆是。

此外，素质提升工程还强化对学员的培育帮扶，通过把参加学历教育的学员名单报送农行、农信社等金融机构，推动相关单位及时与学员对接，享受金融政策方面的服务。目前，福建省农行和农村信用联社，分别研究出台了两份金融扶持文件。在信贷规模、客户准入、融资额度、利率定价、担保要求等方面予以倾斜。福建农业职业技术学院仅茶叶班中就有 6 位同学新获得农村信用社贷款共计 113 万元。

## 首批职业农民获认定，政策扶持将继续给力

长汀县河田镇农民傅木清是"全国粮食生产大户"，现在他又有了"新

型职业农民"的新头衔。2013 年 6 月，长汀县、永定县、漳平市的 238 名农民领到了"新型职业农民资格证书"，成为福建省首批领证的新型职业农民。

新型职业农民怎么认定？在 2012 年初，三个试点县进村入户摸底调查，确定了 1 500 多名培育对象，并建立培育档案，跟踪培育过程。从 5 月起，在培育对象自愿申请的基础上，按照各自的认定管理办法，经过严格考核，最终认定 238 名。

"这些认定的新型职业农民可不是终身制的，我们对他们实行动态管理，若出现违法行为或不接受管理服务、不按要求参加培训等情况，经研究给予劝退，取消资格。"张立先说，认定的新型职业农民将在金融、土地、财政、保险、教育培训、技术指导等 7 个方面享受到政府的优惠扶持政策。

"规模化种地最犯愁的是资金问题，农民身份在贷款方面受限制，过去需要资金我只能东拼西凑，现在有扶持政策，可就好了。看来，要当就当职业农民。"傅木清说，根据长汀县的政策，受认定后，一旦职业农民扩大生产规模需要资金贷款，可以从县促进农业规模经营贷款"担保基金"里，给予担保贷款，贷款 10 万元以内（含）给予贴息补贴，贴息按中国人民银行公布的同期贷款基准利率（年息）的 50% 给予补贴。另外，认定的新型职业农民除了能享受各级已出台的土地流转优惠政策外，当年流转 300 亩以上土地且连续流转 3 年的，每亩补助 50 元；新增土地流转合同在两年以上的，当年再给予每亩 30 元的一次性补助，以当年土地租赁合同的面积和年限为依据，每户补助金额不超过 2 000 元等。

据了解，目前三个试点县各投入 100 多万元组建新型职业农民担保基金，遵循公开、公平、公正的原则，优化担保程序，通过"五户联保"等方式，优先对新型职业农民从事农业生产经营项目的贷款予以担保贴息，扶持新型职业农民扩大产业规模。

"今后，我们还要继续完善培育新型职业农民的政策，并将培育新型职业农民与农产品质量安全工作紧密结合，与相关部门共同研究制定针对新型职业农民的扶持政策，让农民有学历、有技术，让种地务农更有尊严。"张立先表示。

据悉，福建省农办已着手与省人社厅、民政厅等单位，就给予新型职业农民更高的社会保障、医疗保障、农业保险保障、养老保障等方面进行接洽，出台针对性的学员培育专门政策，力争在制度扶持上有所突破。

（引自吴佩《农民日报》，2013 年 11 月 8 日）

# 第五章 推进耕地有序流转：破解"田从哪来"难题

## 一、"田从哪里来"是制约农业规模经营的最大障碍

土地是农业生产经营的核心要素。发展家庭农场或种粮大户，最关键的是要有集中连片的耕地。目前，尽管各地耕地流转速度在加快，但总的来看，我国耕地集中的难度很大，问题不少。主要有如下一些基本特点：

### （一）耕地流转比例不高，且流转操作不规范

长期以来，我国耕地流转的比例一直在低水平徘徊。据农业部经管司的数据，2006 年全国农村土地流转面积 5551.2 万亩，仅占家庭承包耕地面积的 4.57%，比 2005 年增加了 1.5 个百分点。到 2007 年底，全国耕地流转面积 6372 万亩，占承包耕地面积的 5.2%，比上年仅增加 0.7 个百分点。2008 年后各地耕地流转速度在加快，但耕地流转的比例仍然不高。截至 2012 年 12 月底，全国耕地流转面积约 2.7 亿亩，占承包耕地面积 21.2%，经营面积在 100 亩以上的专业大户、家庭农场超过 270 多万户。

虽然耕地流转的速度在加快，但与农村劳动力转移到非农产业的比重相比差距还是很大。根据国家统计局《2007 年统计年鉴》（中国统计出版社 2007 年版），2005 年全国从事非农业的农村劳动力占农村劳动力总数的40.5%，又根据 2006 年《第二次全国农业普查资料综合提要》（中国统计出版社 2008 年版），农村户籍的劳动力中从事二三产业的占 38.9%；同年农民纯收入中工资性收入占 36.1%，加上家庭经营纯收入中的非农收入，非农收入占农民纯收入的 47.6%。2012 年，全国从事非农业的农村劳动力已占农村劳动力总数的 48%。与上述几个指标相比，耕地流转的比例在2007 年以前只相当于农业劳动力转移比例的八分之一，在 5 年后的 2012年也只相当于农业劳动力转移比例的二分之一。而且耕地流转不规范，存在"五多五少"现象，即：短期流转多（一般以 1～3 年期为主，占流转

面积的 70％以上），长期流转少；低报酬（甚至不要钱）流转多，高报酬流转少；村内组内流转多，跨村跨组流转少；自发流转多，中介引导流转少；口头协议流转多，签订书面合同流转少。有些地方由于缺乏规范管理，出现转受双方违约争地等纠纷，极少数地方甚至违背农民意愿强制流转，侵害农民的土地承包权益。

**（二）各地发展很不平衡，沿海地区和城郊区流转比例大，而中西部地区和边远农村流转比例小**

目前我国耕地流转面积占农户总承包面积比重较高的省市区基本都在东部沿海地区，而流转比重较低的省市区都在中、西部地区。如浙江省，2006 年全省土地流转面积为 393 万亩，占全省家庭承包经营面积的 19.8％。2012 年全省土地流转面积达 800 万亩，占全省家庭承包经营面积的 41.5％。江苏省 2009 年土地流转面积达 1 024 万亩，占全省农户家庭承包面积的 20.5％。上海土地流转面积占全市农户家庭承包面积的 54.7％。北京市的土地流转比例则在 45.7％。而中部河南省，2006 年土地流转面积仅 210 多万亩，仅占全省家庭承包经营面积的 2.34％。直到 2011 年底，全省农村土地流转面积占家庭承包经营面积的比例才达到 20.6％。中西部地区也有个别省份耕地流转比例较高，如四川省 2009 年土地流转比例达到 15.3％，原因主要是该省农村劳动力外出务工人数较多。

**（三）现有流转耕地中三分之二的面积为农户之间自发地转包、互换，并没有集中连片，难以促进规模经营**

据张路雄《耕者有其田》一书数据，"在全国农村土地流转总面积中，转包、转让、互换、出租、入股和其他等 6 种形式所占比例分别为 53.65％、8.84％、4.84％、21.87％、4.61％和 6.19％。"转包、转让、互换、出租这四种土地流转形式是写入《农村土地承包法》的。在这四种流转形式中前三种是集体经济组织成员内部的行为，只有后一种才是对外的行为。在这四种流转形式中，转包是数量最大的一种，各地的统计一般都占一半左右。如果把转包、转让、互换都看作是农户之间的流转，那农户间的流转占比为 67.33％，即占了整个耕地流转的三分之二。而农户之间的流转大多由于没有通过集体统一调整地块，无法实现连片耕作，虽然就接包户来讲所种耕地面积有所增加，但无法实现连片的机械耕作，所以这些耕地转移基本上与实现农业现代化、提高劳动生产率的方向无关。

从湖南省的耕地流转情况来看，存在着同样情况。据祁阳县农业局2012年的调查数据显示，土地流转中，转包占53％，租赁占24％，转让占11％，互换占7％，入股占1％，其他形式占4％。

### （四）在大约占三分之一实现规模经营的耕地转移中，存在很多问题

一是种植大宗粮棉油作物的很少。据农业部经管司对调查县的统计，目前农户之间流转土地中用于种粮比重占71.9％，而规模流转入企业、业主的土地中用于种粮比重仅为6.4％。浙江湖州市2006年全市耕地流转总面积35.59万亩，占全部耕地的17.55％。流转的主要去向是水产养殖、蔬菜、瓜果、苗木种植等，而流转给传统的粮、油、桑种植大户不多。四川省崇州市2007年7月统计农用地流转面积10.26万亩，其中耕地6.49万亩，占总流转的63.25％，非耕地3.77万亩，占总流转的36.75％。全县100亩以上的业主有110家（其中1 000亩以上的业主有12家），流转农用地面积达2.05万亩，占耕地35.94％，主要种植黄金梨、粮食、蔬菜、龙尾竹、杨树等。湖南省长沙县2012年流转土地（含林地、菜园）31万亩，其中一半左右流入工商企业，其中用于种植水稻等粮食作物的不足1万亩。全县138家工商资本涉农企业仅有5家涉及粮食种植，并且大都将种粮作为副业进行经营，大多数业主转入土地后主要投资开发花卉、水果、药材、种苗等效益高的项目。

二是南方双季稻区种植双季稻的很少。2013年11月下旬，笔者到湖南省祁阳县随机走访了10个种粮大户，其中包括：2012年湖南卫视新闻联播节目以"大户来了"为题进行系列报道的外来种粮大户1户、受国务院表彰的"全国种粮大户"1户、受湖南省政府表彰的"先进种粮大户"2户、外县涉农企业1家、本地种粮合作社1家和中小型种粮大户（30～500亩）4户。这10个种粮大户仅有一户双季稻种植面积占总承包稻田面积的80％，有3个小户双季稻面积占总承包稻田面积的30％左右，其余6户都是100％种植一季稻。虽然种一季稻是这些种粮大户根据其生产效益做出的决策，但也说明耕地流转后似乎并没有起到促进粮食增产的目的。

三是实行规模经营的基本上是农业企业，而不是家庭经营的农户。据农业部经管司的统计，耕地流转中出租的占21.87％，加上入股和其他形式，

要占到总数的近三分之一，这些土地基本上流向了企业经营。而且把这些土地由农民手中集中起来统一租给企业，主要是依靠乡村两级组织用行政手段来实现的。许多地方以此为招商引资的重要形式。如河南省舞钢市制订了优惠政策：对土地流转面积500亩以上、用于高效农业的投资商，市政府连续两年补助70％的租金，并免费办理相关手续，享受各种惠农政策。各地都这么宣传：公司制农业使农民得到了地租和工资两份收入。但实际上，许多企业取得农业用地，是想要借用其中一些耕地可以用于非农业用途的政策，企图以非农用地来赚取利润。如"中国改革第一村"——安徽省凤阳县小岗村，2013年1.9万亩耕地的流转率达到44.2％，接近2012年全国平均水平的两倍，已流转的8 400亩土地绝大部分交由农业产业化企业经营。目前进入小岗村的企业主要包括：美国GLG集团、广东从玉菜业、普朗特、金小岗、鸿浩公司、天津宝迪以及凤阳县的小岗面业等。这些企业大多是2009年以后当地政府通过招商引资引进的项目。7家企业中有4家企业因为"市场定位不准"、"缺水"等各类原因导致"经营不善"，租用的数千亩土地存在不同程度的抛荒或半抛荒状况。如从玉菜业约800亩耕地几年没见种过一棵菜，在抛荒几年后，以400元每亩的价格租给邻村一家面业公司；鸿浩公司流转的500亩黄花梨项目土地上，有的树苗已经一米多高了还没有移栽，有的地方则出现又高又密的荒草；GLG集团以100元每亩的价格将200多亩土地倒包给当地村民种植甜叶菊，有的被流转的土地还直接被企业用作建设用地。

四是种粮大户中真正的家庭农场数量有限。种粮大户中有相当一部分是以雇工为主的私人农场或者是公司型企业。农业部从2004年开始每年表彰全国的种粮大户，但一直没有对家庭农场一个明确的标准。如2004年农业部提出的申报标准是："粮食播种面积有一定的规模（具体规模由各省确定）；粮食单产水平比当地平均水平高5％以上；良种或专用品种覆盖率达100％；是当地粮食生产和经营的带头人，讲诚信，有群众基础"。2012年，农业部对种粮大户的申报条件有了进一步拓展，但仍然没有对家庭农场提出明确定义和要求。2012年种粮大户的申报条件是："热爱祖国，拥护中国共产党的领导和社会主义制度，具有较高的政治觉悟；遵纪守法，作风文明，诚实守信，务农爱农，在当地影响大、示范带动作用强；2012年粮食种植面积超 300 亩或产量超 30 万斤[*]；积极推广先进实用技术，优质专用良种覆盖率达到 100%，耕种收综合机械化水平达到 100%，粮食单产显著高于所在乡（镇）平均水平；粮食订单生产面积大，重要紧缺品种种植多，出售商品粮超 30 万斤。其中，种粮大户标兵粮食种植面积超 500 亩或产量超 50 万斤，示范带动作用更加突出。"

种粮大户应该是标准的家庭农场，但目前从农业部到各省（市、区）农业部门对这一认识并未得到统一。在各地报道的种粮大户的事例中，可以看出其经营方式基本是采取雇工经营。很多种粮大户都是涉农公司、合作社负责人，甚至是村支部书记和村长等，而真正属于家庭农场的很少。

## 二、中国田土为什么难集中？

我国耕地为何难集中？根本的原因主要有以下三点：

### （一）土地是农民的基本社会保障，农民宁愿抛荒也不愿流转出来

由于目前绝大部分进城农民工不能得到与城市居民一样的社会保障（包括医疗保险、养老保险等），因此，农民主动放弃承包耕地的很少。据重庆市委、农办 2007 年对 1000 户农民工调查，在被调查的 995 个农民工中，有 308 人明确表示不愿意放弃承包地，占 32.0%；有 419 人表示在有优惠条件下可以考虑放弃承包地，占 42.1%；只有 268 人愿意放弃承包土地，仅占调查人数的 26.9%。在不愿意放弃承包地的原因中，有 62.3% 的人认为放弃后生活没有安全感；12.7% 的人认为对政策不了解；16.0% 的人认为优惠政策不够；只有 7.6% 的人是在等待土地升值，有 2.4% 的人是其他原因。

有人认为，我国之所以耕地流转缓慢，根本原因是土地没有私有化。其实这并不是根本原因。我们可以看看日本和我国台湾的情况。因为这两个地区的土地都是实行的私有制。

日本自 1960 年代以后一直鼓励通过土地的买卖促进规模经营，但效果极为不理想，根本原因是农民不愿意卖地。因为地价上涨很快，农民更愿意把土地当做资产保留，而不愿意出售。在我国台湾，从 1962 年起搞起了两次土地改革，都以扩大经营规模为目标，但成效不大，仅仅有 7.84% 的农

---

[*]　斤为非法定计量单位，1 斤＝0.5 千克。——编者注

户放弃了土地所有权。原因是买卖双方都不愿意。卖方认为："土地为祖遗财产，不可轻易处置；目前没有使用大笔资金之需要，卖了地所得价款不知如何处理；土地不卖，留着只会涨价；万一子女在城市失业，回来有地可种，耕地等于保险金"。买方认为："农业收益不高，买地无利可图；地价昂贵，不堪负担，借款买地，得不偿失"。可以说，在东亚人多地少的地区，这是一个共同规律。因此，如果我国大陆也实行土地私有决不会促进耕地所有权的转移，反而会成为耕地集中的障碍。那根本原因是什么呢？是因为土地是农民的基本社会保障，农民如果不能通过土地换取他应有的生活福利保障，他就不能主动放弃承包地。虽然近一两年，一些地方已经开始给农民工缴纳养老保险，但由于养老金账户在各省之间不能转移，甚至在同一省也不能转移，所以，真正能享受到养老保险的农民工很有限。失业保险绝大部分农民工也不能享受。好在，十八届三中全会通过的《中共中央关于全面深化改革若干重大问题的决定》指出："稳步推进城镇基本公共服务常住人口全覆盖，把进城落户农民完全纳入城镇住房和社会保障体系，在农村参加的养老保险和医疗保险规范接入城镇社保体系。"当然要制订出台和实施具体的政策还将是一个缓慢的过程。

### （二）土地确权存在困难，土地流转缺乏"依据"

确权是土地流转的前提和基础，然而多年以来，我国农村人口、劳动力、行政区划、政策与体制都不同程度地发生诸多变化；而另一方面，我国土地政策实行50年不变，中间只允许小调整，不允许大调整，使得大量历史遗留问题和不断产生的新问题相互交织，给确权增加了困难。而土地没有确权，土地流转就缺少法律依据。这又在很大程度上制约了耕地流转。

据中国人民大学和美国农村发展研究所2005年组织的17省农村土地调查，自1980年实施土地第一次分配到户，至2005年的25年，45%的被调查村没有或只进行过1次耕地调整，平均只调整过两次，就是说所有的村平均算是8～10年调整一次，而且，73.2%的调整是因为人口变化，13.7%的调整主要是因为征地。

### （三）村级集体经济组织在耕地转包中没有发挥应有的职能

集体经济组织在耕地流转中的第一个职能是接受转包耕地。1984年中央1号文件规定："社员在承包期内，因无力耕种或转营他业而要求不包或少包土地的，可以将土地交给集体统一安排，也可以经集体同意，由社员找对象协商转包。"1987年5号文件规定为："长期从事别的职业，自己不耕种土地的，除已有规定者外，原则上应把承包地交回集体，或经集体同意后转包他人"。文件虽然没有规定，但这些人由于还是农民，还保留社员身份，所以，如果回村的话，他们还拥有耕地承包权。

集体经济组织在耕地流转中的第二个职能是调整地块，使接包户耕地尽可能连片。在耕地实现规模经营中，这是一个非常重要的职能。农户间自由的转包是无法实现连片耕作的，只有通过集体调整田块，才能实现这个目标。但由于目前的制度没有明确集体经济组织的这个职能，所以，绝大部分农户之间的自由转包不能连片，对规模经营就没有任何促进。集体的土地调整权对于集体在公共服务领域中发挥作用至关重要。集体丧失了土地调整权，集体的其他职能就会萎缩，集体没有了土地调整权，村民自治就失去了经济基础。

而目前的现实是，面对农民抛荒，村级组织没有任何处置、调整耕地或处罚当事人的权力。虽然各地近年来采取了一些行政措施遏制抛荒，但收效甚微。如衡阳市近几年90％以上的农村建立了粮食生产"台账式"管理，即实行双季稻生产领导包干责任制，由县、乡、村三级层层签订责任状，把粮食播种面积、高产示范、遏制抛荒、扩双压单、资金投入等明确到户，责任到人，规定凡出现连片一定面积（如15亩以上）耕地抛荒的，对当地党政"一把手"实行"一票否决"，甚至就地免职。但这些措施只是给干部施加了压力，而对农民没有丝毫影响。当督查发现农民抛荒，也只能通过协商，将耕地租赁或免费给当地其他种粮农民种植。个别地方有收取农民闲置费的，但都是小范围试行，未形成规范的政策或措施。

### 三、如何推进田土集中？

十八届三中全会通过的《中共中央关于全面深化改革若干重大问题的决定》指出："坚持农村土地集体所有权，依法维护农民土地承包经营权，发展壮大集体经济。稳定农村土地承包关系并保持长久不变，在坚持和完善最严格的耕地保护制度前提下，赋予农民对承包地占有、使用、收益、流转及承包经营权抵押、担保权能，允许农民以承包经营权入股发展农业产业化经营。鼓励承包经营权在公开市场上向专业大户、家庭农场、农民合作社、农业企业流转，发展多种形式规模经营。""推进农业转移人口市民化，逐步把符合条件的农业转移人口转为城镇居民。""把进城落户农民完全纳入城镇住房和社会保障体系，在农村参加的养老保险和医疗保险规范接入城镇社保体系。"上述政策在土地确权、承包权抵押和担保、失地农民保障等方面做出重大突破，针对性强，必将对耕地流转起到巨大推动作用。但具体怎么推进，还要在实践中进行大胆探索。

目前，推进土地流转比较简单易行的办法是建立县级或乡镇级的土地交易中心，为土地流转搞好合同签订服务。如2006年，山东滕州市西岗镇在全国率先设立土地流转交易市场，较好地促进了土地流转。此后各地都有类似的试点探索，设立了县级或乡镇级的土地交易中心（有形市场），其主要工作是负责一个县或乡镇范围内土地流转信息的发布、合同的签订管理、政策咨询、统筹协调和相关评估工作。各地土地交易中心的成立对促进我国土地规范有序流转、化解土地流转纠纷、维护各方合法权益等起到了较好的作用。但笔者认为，这种工作基本属于被动的"坐等上门"型，难以推进土地快速流转。要想从根本上推进土地快速流转，还必须进行更大胆改革与创新。

**（一）要赋予集体经济组织调整耕地的权力，并采取"确权、确利、不确田"的办法，由村级组织直接或委托信托机构统一经营耕地**

土地难集中，一个根本原因是乡村集体经济组织虽然名义上是耕地的所有者，但实际上几乎缺乏耕地调整处置的任何权力。因此，必须让乡村集体经济组织拥有并积极落实"收回耕地和调整地块"两大权力，才能真正促进耕地的快速流转。过去我们为了"维稳"，在这方面不敢有任何突破，这已经成为土地流转的最大障碍。下一步，我们要借十八届三中全会的东风，大胆创新，务实推进。一是多数地区由农民自愿把耕地作价入股，加入村级土地合作社，按股分红；二是有条件的地区，可借鉴北京、成都等地"确权、确利、不确田"的办法，将集体土地股权到人，农民只享有股权，不具体分到某个田块，田土全部集中统一交由村集体经济组织经营管理。以上两种方式，农民都只管按股份和股权保底分红。农民如果觉得不受益，也可以撤股，由自己种植。至于集中起来的土地究竟是由村级组织统一经营管理，还是委托给县市（或乡镇）土地信托机构经营，则由全体村民根据本村经营管理实力和县市（或乡镇）土地信托机构（公司）发展情况集体投票决定。笔者比较看好县市（或乡镇）土地信托机构（公司）经营模式。这种模式最先于 2009 年在湖南省沅江市草尾镇建立试点，2012 年在益阳 26 个乡镇铺开，取得了显著成效。其运转模式是，由政府出资设立土地信托机构（公司），农民在自愿的前提下，将名下承包的农村土地承包经营权通过村级组织统一委托给土地信托机构，并由土地信托机构（公司）与村委会及农民签订土地信托合同，农业企业或种粮大户再从政府土地信托公司手中连片租赁土地，从事农业开发经营活动。变过去农户和租地者两个角色间的流转为农户、租地者、政府三个角色间的流转，既发挥了市场配置资源的作用，又强化了基层政府的作为，更好地规范了农民、政府、企业或大户等土地流转各方的责权利，从而确保了土地承包经营权流转的有序推进，为农业农村发展注入了新的活力。

从实践情况来看，土地信托流转，是符合现阶段农村经济发展实际、符

2009 年，湖南益阳通过探索，结合农村的现实状况与农民的实际要求，创造了农村土地信托流转制度，最先在沅江草尾镇建立试点，因此该制度又被称为"草尾模式"。图为 2013 年 3 月 24 日，由湖南省社科联和湖南人民出版社共同举办的农村经营体制创新暨农村土地信托流转研讨会现场（红网长沙记者　汤红辉　通讯员　詹宇祥）

合农村土地制度改革和现代农业发展方向的一种好模式，值得借鉴和推广。据了解，全国先后有北京、江西、四川、内蒙古、福建、山东、浙江等省份先后来到益阳及沅江学习土地信托流转机制，福建省还在"草尾模式"的基础上进行改良，将原本设在乡镇的土地信托公司设到县一级，这样既节省了注册资金，又便于管理。

**（二）要出台耕地流转的配套政策，鼓励不愿种地或种不好地的农民将耕地经营权"流出"，支持愿意种粮且有能力种粮者有连片耕地"流入"**

在赋予村委会土地调整权力以及由土地交易中心或土地信托机构为土地流转开展服务的同时，还要出台以下更有约束力和推动力的土地流转"硬政策"。

首先，要出台强有力的鼓励土地流出者的政策。大致分四种情形：

一是对未满 60 岁或 65 岁、离农进城但未落户农民，鼓励其主动将承包经营权流转给村级组织或土地信托公司，要求流转期限在 5 年或 10 年以上（离 60 岁或 65 岁不足 5 年的，按实际距退休年龄的年限计算），由村级组织或信托机构按市场价付给土地租金，政府财政给予一定奖励，并在该期间其养老保险、医疗保险等采取政府、农户按照一定比例分摊的办法缴付，同时保留其耕地承包权，待 5 年或 10 年期满愿意回村务农时再给其调整承包地（如已满 60 岁或 65 岁则不再安排其承包地）。

二是对未进城落户、年满 60 岁或 65 岁的农民给予与城市退休居民一样的福利待遇，如发放退休金或预备年金，购买社会保险、医疗保险等。其承包土地则由村集体统一无偿收回，不再保留其耕地承包经营权。

三是对进城落户的农民，给予其与城市居民同等的就业、就医、子女入学、文化等社会福利待遇。同时允许其将农村宅基地使用权进入市场自由买卖，以便其将所得收入在城市购买经济适用房或租住廉租房等。达到 60 岁或 65 岁退休年龄时，享受与城市居民同样的退休金待遇，其承包土地则由村集体无偿收回，统一流转，不再保留其耕地承包经营权。

四是对抛荒（指全抛）1 年以上（含 1 年）的承包土地，由村集体收回，通过土地流转中心或信托机构统一流转给家庭农场等新型经营主体，期限在 5 年以上。租金按当地当年同类地块市场平均价。农户在该期间养老保险、医疗保险等采取政府、农户按照一定比例分摊的办法缴付，同时，保留其耕地承包权，待5年或10年期满时再给其调整承包地（如年龄已满60岁或65岁则不再调整）。这一条，虽与目前的《耕地承包法》等法律法规相抵触，但这是必须要有的改革措施。其实，改革在某种意义上说就是"犯法"。只要改革方向正确，效果又好，就要大胆地去实践，通过实践来倒逼法律的修改完善。没有这种精神，改革就很难成功。

其次，要出台鼓励土地流入者的政策：

一是完善种粮补贴政策。在原有粮食补贴基础上，新增"家庭农场种植补贴"，可设置补贴条件，如耕种面积达到50亩以上且未出现抛荒、"双改单"、撒播等情况者。

二是提高家庭农场及农机合作社、涉农企业等农业生产服务组织购机补贴。将家庭农场及农机合作社、涉农企业等农业生产服务组织购机补贴比例调高至普通农户购机补贴额度的130％以上；同时，将"植保飞机"、"水旱两用喷杆喷雾机"等先进适用的新型农机产品纳入农机补贴范围，并适当提高政府财政补贴比例。

三是新增农业生产加工用油补贴。对家庭农场及农机合作社、涉农企业等农业生产服务组织机械用油以退税方式进行补贴，可采取先征后返、全额退税，上限控制、直接补偿的办法进行，以减轻家庭农场和涉农服务组织的生产经营成本。

四是出台农业配套设施用地政策。家庭农场及农机合作社、涉农企业等农业生产服务组织在办公管理用地、农机设备存放用地、粮食晾晒和仓储用地等三方面具有强烈需求。尽管国家出台了相关政策，要求落实农业生产配套设施用地政策，但在实际操作中，由于地方建设用地指标紧张，农业配套用地很难获得国土管理部门的批准。因此，建议国家出台家庭农场及农机合作社、涉农企业等农业生产服务组织的设施用地政策，合理安排好家庭农场及农机合作社、涉农企业等新型农业经营主体的扩建、新建项目用地，且各项建设费用执行最低标准。农业生产配套建设用地建议按流转土地或服务面积的2％~3％比例安排。具体操作上可由家庭农场或农机合作社、涉农企业等农业生产服务组织申请，由农业管理部门负责审查确认后，由国土管理部门批准使用；如果生产配套设施用地可能对耕作层造成一定影响的，需向流转土地所在村组、乡镇政府出具流转期满后复耕的承诺，并交纳一定数额的复耕保证金。

种粮大户普遍反映农机、农资仓库用地困难。图为作者与种粮大户
交谈（张佳峰摄）

### （三）抓好促进土地流转的几项具体工作

土地流转是一项非常复杂、具体的工作，各级政府要高度重视，把它作为当前"三农"工作的首要任务切实抓好，当务之急除了加快出台上述土地流转政策措施外，还要抓好以下几项重点工作：

一是加快承包地确权发证步伐，让农民放心流转。针对当前一些农民担心土地流转会失去承包经营权的思想，必须进一步搞好农村土地确权、登记、颁证工作，从法律层面保障农民对承包土地的合法财产权，让农民吃上"定心丸"。建议国家和地方财政设置土地确权专项工作经费，以加速发证工作的顺利进行。

二是设立土地流转奖励经费，加快土地流转。对于全部转出承包土地的农户给予一定的补助；对于依法引导农户流转土地较多、连片流转 100 亩以上、粮食增产增收效果明显的乡镇和行政村给予适当奖励，以提高基层政府和组织开展土地流转工作的积极性。

三是制定标准合同，规范土地流转。抓好土地流转合同的鉴证工作，并妥善保存合同文本，以监督合同的正常履行，同时要总结平时的调解经验，制定切实可行的纠纷调解和仲裁办法，并成立专门的调解和仲裁机构，及时有效地调解合同纠纷，稳定农村土地承包关系，维护农村稳定。

四是成立农村劳务服务中心，免费为土地转出劳动力和家庭农场、涉农企业以及城市二、三产业用工企业牵线搭桥，让失地农民工尽量做到一年四季有事可做，让用人企业尽可能实现要人有人，缓解当前农村劳力"失业"和企业"用工荒"两难并存的问题。

延伸阅读
YANSHEN YUEDU

## 土地信托流转助推城乡统筹的"草尾模式"

"在家门口就能就业，一年还能赚近 2 万元，顺便照顾老伴，多好的事啊！"站在湖南沅江大地农业发展有限公的蔬菜地里，59 岁的沅江市草尾镇乐园村村民刘满秀一边干着农活，一边回复着岸上记者的问话，脸上不时露出微笑。

与刘满秀一样，该村一大批年龄稍长、驻守在家的中老年人都在该公司实现了就业。

刘满秀的眼前，是一大片生机勃发的现代化农业产业化基地：蔬菜、瓜果、水稻等应有尽有。

这样的场景也让草尾镇副书记、镇人大常委会主任李迎辉感慨连连："如今，抛荒问题得到了解决，粮食安全了，还着重解决了当地百姓的就业问题，可谓一举几得。"

数据显示，草尾镇目前经营 50 亩以上的农户有 398 户，其中经营 100 亩以上的大户 189 户，经营 500 亩以上的大户 19 户，经营 1 000 亩以上的大户 8 户，过去那种"有地无力作，有力无地作"的现象，现在得到了根本改变。

这一系列的变化背后，源于草尾镇探索建立的农村土地信托流转机制——外界将其誉之"草尾模式"。

### 大规模抛荒催生土地流转新政

草尾镇地处洞庭湖畔沅江、南县和大通湖区的结合部，是典型的农业型乡镇，下辖 26 个村、1 个社区，人口规模 10.8 万人，耕地面积 15 万亩。

作为传统的农业地区，如何从实际出发，顺应工业化、城镇化加速发展的新形势，寻找统筹城乡发展的突破口，这是益阳及沅江两级政府多年来一直在探索的一个重大课题。

事实上，这也关乎土地的效益与农民的权益。

2009年，一个大胆的尝试在沅江市草尾镇铺陈开来——益阳市开展的农村土地信托流转，将草尾镇确定为全市首个试点乡镇。

谈及引进这一概念来推动土地信托流转的初衷，湖南省委副秘书长、益阳市原市委书记马勇介绍，2007年之前，益阳市面临耕地大规模抛荒的困局，部分乡镇的抛荒面积甚至达到了1/3，政府采取干部分片包干、收取代耕费等行政举措遏制抛荒，取得了一些成效，但该市很快就发现，这种依托于行政强制手段下的治理方式极易反复，难以持久。

马勇说，2008年，益阳市委召开土地流转工作座谈会，总结前期治理抛荒工作涌现出来的各种自发性的土地流转现象，大家一致认为，土地联产承包经营权的适度流转，是解决抛荒问题的正确方向。

2009年，益阳市土地流转面积达到116万亩，占耕地总面积的32.1%。但随后发现，这一比例再难突破，传统流转遭遇瓶颈。

马勇观察发现，在传统流转模式中，主要是农户和农业企业（或农业大户）两个角色在起作用，政府尽管成立了土地流转中介服务机构，但只是做些服务信息及矛盾调解工作，没有以经济角色的定位介入流转过程。这样一来，企业对与农户打交道的难度、对毁约风险的担心，以及农户对外来或本地农业企业投资商缺乏的信任等多重因素叠加在一起，导致了土地流转进展艰难。

为了进一步推动土地流转，益阳决策者决定从2009年开始，将目光瞄准土地信托流转机制。

随后，土地信托流转试点也由草尾镇扩大至益阳市的12个乡镇，耕地流转率很快突破了40%，有的地方达到60%。

在总结草尾镇作法经验的基础上，从2012年开始，益阳市扩大示范区域，共选择26个乡镇推行土地信托流转，并根据各地实际，对信托流转的办法和机制进行完善。

## 土地信托流转带来的深刻变化

记者了解到，"草尾模式"土地信托流转的基本做法是，政府出资在乡镇（或县一级）设立农村土地承包经营权信托有限公司，农民在自愿的前提下，将名下的土地承包经营权委托给政府的信托公司，并签订土地信托合同，农业企业或大户再从政府的信托公司手中连片租赁土地，从事农业开发经营活动。

简而言之，就是变过去农户和企业角色的流转为农户、企业和政府三个角色的流转。农户的承包经营权先流入给政府的农村土地承包经营权信托公司，再由信托公司将归集的土地经营权打包集中流向企业或大户。

当地多位受访的农户告诉记者，农民把依法承包的土地的经营权作为信托财产转移给农村土地承包经营权信托有限公司，信托公司按市场价（草尾镇以每亩300~500斤稻谷计价）支付给农民信托基本收益，从农户手中获得5年以上土地承包经营权。这样一来，信托公司与农民签订的合同便是土地信托合同，发生的关系也是信托法律关系。

上述农户还说，与此前自发性土地流转所不同的是，政府部门作为第三方介入后，无异于让农民吃了一颗定心丸——信托期限内，农民享有信托收益，信托终止，还可以恢复行使承包经营权。

除此之外，李迎辉表示，土地信托流转还大大促进了农民的专业化分工、职业化从业，一批农业工人加快涌现，农民成了上班族，把自家承包地信托出去后，既可获得稳定的土地信托收益，又可以就近在农业基地打工，获得较高的劳务收入，成为稳定的农业产业工人。

52岁的草尾镇乐园村村民李平国颇有感触地告诉记者，之前，他主要以种田为主，偶尔到外面打打零工，现在最直接的改变便是在家门口上班，他再也不用困扰于自己的年龄与文化。

依靠传统农业技艺干了一辈子农活的李平国，在加入沅江市大地农业公司后，也切身体会到了农业产业化后的高科技技术带来的变革：专业的技术员、自动化的喷淋设备、实时更新的天气预警系统……

李平国给记者算了一笔账：以他家3口人为例，人均1亩3分田，将土地流转给农企后，年轻的劳动力可以外出打工，不管是否自然灾害，每年每亩都可获得500斤稻谷的市场计价，此外还有国家的补贴，"比自行耕种稻田更划算"。

59岁的刘满秀将名下的几亩耕地信托出去后，自己在大地农业基地上务工，2012年获得劳务收入1.8万元。

据草尾镇乐园村党支部书记王岳飞介绍，该村共有劳力 900 多名，其中外出务工近 500 名，土地信托流转后，在家 400 多名劳动力全部在农业基地务工，蔬菜采摘及水稻收割高峰期，村上的劳力远远满足不了农业基地的用工量，还需从邻近的南县和大通湖区调集劳动力。

"在基地务工人员中，50 岁以上的占 70%，农村妇女占 60%，只要能走得动，包括老弱病残等，均能在自家门前的农业基地上上班，这是以前不敢想象的。"王岳飞说。

据统计，2012 年草尾镇乐园村的村民人均收入约为 1.48 万元，连续两年实现增幅 30% 以上。土地信托流转以来，全村新建、装修防区 70 多所，是之前 10 年的总和。

事实上，不独农民收获最直观的回报，一些大户及专业经营的农业企业，也普遍表示基本满意。

湖南大地农业有限公司法人代表李卫兵，之前是房产建筑商。2010 年 5 月，他看到草尾镇开展土地信托流转的优势后，立即投入 600 余万元，从该镇土地信托公司受让土地 1 536 亩，新建高标准反季节蔬菜大棚 200 个，当年实现销售收入 2 586 万元，企业盈利 168 万元，迅速完成了投资转型。

数据显示，信托流转以来，草尾镇类似这样从二、三产业转型从事农业生产经营的企业有 10 多家。2011 年，该镇农业投入共达 12 180 万元，其中基地老板投入 2 940 万元，带动金融机构投放 2 000 多万元，为当地经济社会发展注入了强劲动力。

李迎辉告诉记者，土地信托流转给草尾镇带来了深刻变化，不仅极大地促进了农民增收和产业发展，而且推动了城乡要素加快流动，城镇化进程明显加快。

记者在草尾镇新安村采访时发现，土地信托流转后，解除了后顾之忧的草尾镇农民进入城镇成为城镇居民后，留在农民的群众想集中居住过上城里人生活的愿望越来越强烈，为了适应群众的需求，草尾镇还及时启动了农村居民集中居住区建设。目前，草尾镇新安集中居住区已建成住宅 300 套，每套约 120 平方米。据悉，其他两个集中居住区规划已完成，预计 2013 年可建成入住。

## 可借鉴与推广的"草尾模式"

"如今，农民观念发生了翻天覆地的变化，矛盾少了，治安好了，卫生意识增强了，文化活动增多了，农村变漂亮了，收入明显增加了。"望着夜幕下随着音乐翩翩起舞的民众，李迎辉有些自豪地说。

基础设施落后，也是一度制约农村发展的又一老大难问题。而在草尾镇，这些问题受土地信托流转的影响，部分基地企业入驻到乡村后，主动投入完善了一批水电路等基础设施建设，建成了一批设施农业，包括村里的公益事业建设，打破了寄希望于上级拨款的建设思维困局。

李迎辉总结说，"草尾模式"土地信托流转一招激活全盘棋，不仅在加快产业发展、促进农民增收、带动资本下乡、推动村镇建设、改善乡村治理等方面开创了大好局面，而且真正打开了农村发展进步的阀门，它能促使农村经济充分市场化、农村人口就地城镇化、城乡经济社会发展一体化的加快实现，为加快农业现代化建设开创了美好前景。

（引自李俊杰中新网长沙，2013 年 10 月 6 日）

# 第六章　拓展农业生产服务：破解"轻松种田"难题

## 一、农业生产性服务业是农业社会化服务的关键环节

农业生产性服务业是指为提高农业劳动生产率而向农业生产活动提供中间投入服务的产业。包括良种、农资、农技、农机、植保、农产品质量检验检测、农民培训、农产品流通、农村金融、农业保险等方面的服务。农业生产性服务业的发展，不仅是农村分工分业不断深化的必然结果，而且是农业社会化服务的关键环节，是推动现代农业跨越发展的必然要求。

纵观发达国家的成功经验，发达的农业生产性服务业是解决务农劳动力缺乏的根本手段，也是世界农业发展的必然要求和共同趋势。无论是以德国、加拿大等为代表的政府农业部门为主导的农业公共服务模式，还是以美国、法国等为代表的"政府＋企业（或学校）"的社会化、专业化服务模式，还是以日本、韩国为代表的"小规模兼业农户＋政府支持下的农协（合作社）"的自助服务型模式，都离不开农业生产性服务业的高度发展。

国外在推进农业生产性服务业发展过程中，市场起着决定性作用，而政府起着重要的调控引导和助推作用。如美国，涉农公司或合作社已经成为农业社会化服务的重要组成部分，其服务范围几乎涵盖农业生产资料、农产品收购、运销、信息、技术以及统一种苗、统一种植、统一培管、统一病虫害防治、统一收购等农业产前、产中、产后全过程服务。农民只需坐在家里，打一个电话或发一份电子邮件，就有人送上门来服务。在美国，只有 200 万农民，却有超过 2 000 万人为农业提供配套服务和支持，是农业从业人员的10 倍，平均 1 个农民身边围绕着八九个人为他服务。同时，还有 4 000 多个机场、9 000 多架农用飞机（13％为农用直升机）为农业生产性服务业服务，平均 30 万亩耕地就配有 1 架农用飞机，60％以上的农药喷施是由专业的植保公司采用无人智能飞机完成，更有数量巨大的农业补贴和健全的农业保险

制度等为其提供保障。目前，美国农业生产服务业增加值占农业 GDP 的比重已达到 12.7％。这是美国农业发达的根本原因。

在中国，由于耕地规模偏小且高度分散，使得在农业生产的许多生产操作环节难以由农户独立完成。因此，中国比西方发达国家更需要提供社会化服务。但由于我国市场经济发育滞后，以及体制机制的制约，目前我国农业生产性服务市场发育程度不成熟，一些重大、关键性农业社会化服务如病虫害防治、水稻集中育秧、机械化插秧、测土配方施肥等领域的拓展和新兴服务组织的发育尚处于起步阶段，表现为层次低、规模小、功能弱、持续发展后劲差，现有的农业生产性服务仍以传统的农技服务、农资供应和农产品销售为主，而产中环节的市场化、承包式农业生产性服务发展严重不足，成为制约我国现代农业发展的突出问题。目前我国农业生产服务业增加值仅占农业 GDP 的 2.3％，与美国相差甚远，说明我国农业社会化服务还有很大的发展潜力。

以湖南省水稻病虫害统防统治为例。2008 年以来，湖南省大力发展水稻病虫害统防统治工作，取得了"三个减少"、"三个提高"的显著效益。即：减少农药用量，专业化统防统治比农民自防平均每亩减少 1～2 次用药，农药使用量减少 20％以上；减少生产成本，每亩节省农药与人工成本 70 元左右；减少环境污染，因减少了农药用量，对农田生态环境和农产品质量安全发挥了重要作用，过去农民自己打药，农药包装物（玻璃瓶、塑料袋等）被随手丢弃到田间，而专业化队伍施药，包装废弃物被及时回收，田间没有任何看得见的污染。提高生产效率，背负式机动喷雾器比传统手动喷雾器作业效率提高 5～8 倍，而担架式喷雾器更是提高 30 倍以上；提高农民的经济效益，因专业化防治效果比农民自防提高 10％以上，因而双季稻每亩减损增产 100 千克、增收节支 200 元以上，用农民的话说"等于没花钱请了个田间保姆"；提高社会效益，每位从业人员一年可提高劳务收入 3 000～4 000元，同时广大被服务的农民从繁琐、费力的病虫害防治中解脱出来，安心从事农村加工业、养殖业或外出务工，促进了劳动力转移，负责病虫害防治指导的植保部门大大减轻了病虫防控指导的工作压力，原来全省 1 名植保干部平均要负责指导 2 万多个农户、10 万亩水稻等农作物的病虫害防治，实行专业化统防统治后，按一个服务组织承包防治 3 万亩水稻计，仅需 2 000 家服务组织即可将全部水稻病虫害防治任务落实到位。但尽管如此,截至 2013 年底,湖南省水稻病虫害专业化统防统治面积仅有 1 300 万亩左右,仅占全省水稻播种面积的 20%。而且,这个面积还存在一半左右的水分,即有一半的面积是"商家卖药、农民自己打药"的半承包服务方式,一半的面积才是全程承包方式,可见其发展速度十分缓慢。此外,全省现有 1 360 家专业化统防统治服务组织绝大多数仍处于试验摸索和"分化、转型"阶段,随时有退出统防统治服务领域的可能,说明农作物专业化统防统治工作整体上仍处于艰难的起步阶段。

## 二、农业生产性服务业发展存在的主要问题

笔者通过近几年参与湖南省农作物病虫害专业化统防统治工作和对农业社会化服务多年、多点、系统调查研究认为,目前我国农业生产性服务业发展主要存在政府公益服务能力不强、社会化服务组织发育滞后、政府引导扶持力度不够三大问题。

### (一) 政府公益服务能力不强

随着农村改革的不断推进,我国县(市)、乡(镇)农业服务机构普遍存在体制不顺、机制不活、人才队伍不稳、服务手段不足、财政保障不足、服务手段落后等问题,导致政府公益服务能力不强。

我国自 2001 年乡镇机构改革以来,乡镇农技(农机)站的人、财、物、事曾一度下放到乡镇政府管理,造成乡镇没管好,农业局、农机局管不了的局面。此外,农技、农机技术专业人员培养远远跟不上生产发展的要求,后备力量不足,形势严峻,迫在眉睫。2011 年开始的新一轮农技推广体系改革与建设项目的启动与实施,为农技、农机工作带来了重大转机,但仍存在新技术新机具推广、农产品质量监管、农机安全监理和保养维修、抗灾救灾、社会化服务等许多工作难以落实到位等问题,制约了现代农业的发展。

而作为各类社会化服务落脚点的村级集体组织的农业社会化服务更是处于全面停滞状态。村级集体经济组织与农民直接打交道,对农业、农民、农村情况最熟悉、最了解,但其为农户提供的社会化服务不仅没有增加,反而普遍减少,目前提供的服务内容主要是社会治安、计划生育、社保等综合性项目,而覆盖农业生产环节服务的很少,即使有也是为争取经费或是上级压

任务去应付的多，而主动开展并能持续发展的服务项目极少。原因主要有：一是村级集体经济实力薄弱，无力向农户提供农业社会化服务；二是村级集体经济组织纪律涣散，难以有效承担提供农业社会化服务的职能；三是村级集体经济组织在农业社会化服务体系建设中定位不明确，主体功能不突出；四是村级集体经济组织缺乏外部支持，开展农业社会化服务受到环境限制，等等。

### （二）社会化服务组织发育严重滞后

目前从事农业社会化服务的主体主要有农民专业合作社、涉农企业和个体户，这三种服务组织分别都存在一些问题。如农民专业合作社，主要存在管理与决策水平不高、收入来源偏少、资金实力不强、内部管理不规范、利益联结机制不完善等问题。涉农企业主要存在进入社会化服务特别是产中环节服务时间迟、季节性资金不足、对农民提供服务带有明显的利益倾向等问题。个体形式的服务主体，因交易一般在熟人之间进行，农民习惯于赊账，导致农资经销商随时面临资金风险和经销商无序竞争、恶性竞争以及因自身专业技术知识、信息掌握程度及市场经营水平不高而相应地导致对农业社会化服务水平不高等问题。但根本原因是存在"四难"：

一是盈利难。农业是以露天生产为主的产业，具有资源分散性、时空多变性和可控程度低等天然弱势，导致农业生产与工业和服务业相比成本高、收益低、盈利难度大。拿水稻病虫害统防统治来说，因水稻病虫害发生复杂，常年发生的主要病虫害有稻飞虱、稻纵卷叶螟、二化螟以及纹枯病、稻瘟病、南方黑条矮缩病等，尤其迁飞性害虫发生代次多，发生量大、发生世代不整齐等，导致病虫害防治难度大，而服务组织为了完成合同任务，必须因地制宜制定并执行多套病虫害防控技术方案，这无疑增加了防控服务成本，降低了经济效益，甚至出现亏本。如2011年长沙双红农业科技公司在宁乡县等地承包几万亩水稻病虫防治，其中有1万多亩晚稻在已打2次农药的条件下，因天气、作物品种、土壤肥力等原因致使部分稻田的稻飞虱等病虫害发生反弹，不得不增加打1次农药，仅此一项，公司就多支出20多万元。2011年笔者调查了常德市各县市区31个服务组织，除了安乡大方植保公司和澧县益民绿色科技公司分别有几十万元和10多万元的盈利外，其他服务组织普遍反映没有盈利。2013年，随机抽查岳阳、益阳、邵阳、娄底、湘潭、株洲 6 市 20 家服务组织，能够实现稳定盈利的组织仅有岳阳田园牧歌、资阳中正、沅江万家丰等 3 家，占抽查服务组织的 15%，其他服务组织 35% 有少量盈利，50% 处于亏损或暂停业务的状态。即便是效益较高的烟草行业，也同样出现亏损状态。如 2011 年湖南省从事烟叶分级、烘烤、植保、育苗、机耕专业服务的合作社亏损面分别达到 44%、41%、37%、8%、2%，2012 年亏损面虽有下降，但从事烘烤和植保服务的亏损面仍然高达 29.7% 和 29.8%。盈利率不高甚至亏损是农作物病虫害统防统治等农业生产性服务发展缓慢的主要原因。

二是用工难。笔者这几年经常深入统防统治服务组织调研，他们反映最多的是从事施药操作的机防手非常难找，往往是干不到一年就不干了，企业面临"年年培训机手，年年机手难寻"的尴尬局面。其原因，一是随着农村青壮劳力大量进城和人口老龄化，农村普遍缺乏劳动力。二是农业生产服务收入低。如双季稻生产时长达 7 个多月，但病虫害防治施药有效作业时间仅 20 来天，按每天工价 150～200 元计，一个机手通过此项工作一年的收入才 3 000～4 000 元，抵不上出门打工 1 个月或 2 个月的收入，对劳动力根本不具备吸引力。三是农业生产服务大多是"面朝黄土背朝天"，工作非常辛苦，80 后、90 后农民都不愿意从事此项工作。尤其是像农作物病虫害防治，除了辛苦外，还具有"脏、累、险、毒"等特点，因此，机防手不稳定成为统防统治服务组织发展的最大障碍。此外，高层次的专业技术人员也很难引进。据调查，2013 年湖南省 1 360 家病虫害防治服务组织，共有从业人员 8 万多人，其中真正植保专业科班出身的技术人员仅几十人。机手和专业技术人员缺乏，导致统防统治服务组织的核心竞争力难以提升。

三是风险控制难。农业生产性服务业不仅盈利率相对较低，而且还要面临一系列的风险。首先是自然风险。农业生产因受天气影响很大，加上农药产品、施药人员素质差异等因素影响，防控效果很难一次过关，而每增加 1 次防治就要增加一笔不小的开支。其次是作业风险。因农药属有毒物质，加上施药期间天气高温闷热以及施药者身体素质等因素，很容易出现施药者中暑和突发疾病等意外情况。如 2011 年长沙市某防治组织一个机手在为农户稻田施药时，突发心脏病，送医院抢救无效死亡，公司给予死者家属 30 多万元补偿，无端增加了一笔不小的支出。三是农民违约风险。有的农民以某某病虫害防治不好或遭水灾旱灾为由，拒交或拖欠统防统治服务组织费用，致使服务组织的资金被占用，有的地方农民和农药经销商为了谋取私利，联合起来故意刁难和排斥服务组织进入其地盘，由此产生一些不必要的纠纷和矛盾，在一定程度上影响了服务组织的正常运营。

四是先进农机开发和售后服务难。我国自 1996 年农业部首次在河南省组织召开全国"三夏"跨区机收小麦现场会，揭开大规模组织联合收割机跨区收获小麦的序幕以来，农业机械化步入了高速发展阶段。2003 年，全国小麦机收水平达到 72.79％，成为我国第一个基本实现生产全程机械化的粮食作物。此后，农机跨区作业开始从小麦机收向水稻、玉米等农作物的机械化收获和机耕、机播等生产环节拓展，全国农机跨区作业的规模和范围不断扩大，成为我国农机社会化服务的主要模式，初步探索出一条符合国情的农业机械化发展道路，极大地提高了农机利用率和农机经营效益，保障了农业机械化的可持续发展。2007 年我国耕、种、收综合机械化水平达到 42.5％，农业劳动力占全社会从业人员比重降至 40％以下，这标志着我国农业机械化发展已经由初级阶段跨入了中级阶段。这是我国农业机械化改革开放 30 年实践中具有重大意义的历史性跨越。但我国农机化工作存在地区之间、作物之间和农业生产环节之间的严重不平衡。从地区看，北方平原地区，机械化程度高，而南方丘陵山区机械化程度低；从作物来看，2007 年小麦的机播、机收水平分别达到 78.01％和 79.17％，而水稻的机播（插）、机收水平分别只有 11.06％ 和 46.20％，玉米的机播（插）、机收水平分别只有 60.47％和 7.23％，说明小麦已经基本实现了全程机械化，而水稻、玉米还处于初级机械化阶段。从生产环节来看，水稻主要是插秧、病虫害防治等环节机械化程度低，玉米主要是收获环节机械化程度低。

随着城镇化、工业化、老龄化的快速发展，加快了农业的专业化分工和劳动力转移。农业生产上无论是种粮大户、家庭农场，还是为农业生产服务的合作社或涉农公司等社会化服务组织，都是以农业机械作为主要的生产手段，都以机械化作业作为主要的生产方式。没有先进适用的农业机械来替代人力，进行代耕、代种、代收，这些新型农业经营主体就难以完成生产经营任务，这是现代农业社会化服务发展的必然要求，是不以人的意志为转移的。但目前我国农机行业虽然具有了较大的规模和种类较为齐全的产品系列，能基本满足农业生产和用户要求，因受一些不利因素的影响，还存在着研究基础薄弱以及技术、产品开发滞后的问题，特别是在水田耕作、机械化插秧、病虫害防治等领域，其机械技术及产品水平与发达国家相比还存在着较大差距，主要是在液压、喷雾和智能化等相关技术上至少要落后 20～30 年。

如农作物病虫害防治所需的喷雾器械，目前主要推广应用的是国产背负式机动喷雾喷粉机和担架式液泵喷雾机，这些喷雾器械虽然比传统的手动喷雾器作业效率有显著提升，但仍或多或少地存在施药质量较差、作业效率不高和噪音大、浪费大、劳动强度大以及配件供应难到位等诸多问题，在一定程度上影响了农作物病虫害统防统治的发展。近两年出现了无人飞机施药防治，在提高施药效率和解决劳力缺乏问题上起到了一定作用，并很可能成为未来农作物病虫害统防统治机型发展的主要方向，但仍存在飞机性能不稳定、药剂不配套、防治水稻基部病虫害效果不理想以及操控不方便、价格昂贵等问题。要彻底解决这些问题还要假以时日。

病虫害专业化统防统治服务组织在展示无人飞机防治作业
（王建平摄）

### （三）政府对农业社会化服务引导扶持力度不够

农业生产性服务业是顺应经济社会发展要求，从农业中分化出来的为农业生产提供中间服务的行业，是农业中的服务业，一产业中的三产业，它对有效降低农业生产成本，促进农业技术进步，实现规模收益，提升产业能级，推动现代农业与经济发展具有重大作用，同时，由于农业生产具有分散性、不连续性和可控程度差等特性，注定其相关服务业的经济效益不可能很高，因此，农业生产性服务业既是一项市场投资行为，又是一项盈利性很差的公益事业，政府必须进行扶持，才能推进其发展。尤其在农业生产性服务业发展的初期，由于农户难以预期服务的好坏及其对农业生产的影响大小，政府必须采取"政府引导，市场运作，民办公助，加强监管"的办法加强对服务组织的引导和扶持，才能推动农业生产性服务业的快速健康发展。

但过来我国长期偏重工业服务业的发展，而忽视农业服务业的发展。国务院早在2007年3月下发了《关于加快服务业发展的若干意见》，其中第五部分专论"积极发展农村服务业"，但一直对农业生产性服务业缺乏实质性的扶持政策，且局限在"生产销售服务、科技服务、信息服务和金融服务"等环节，对产中服务基本没有提及。

目前，在中央财政补贴"三农"方面的资金预算科目中除了"农作物病虫害防治补助资金"已明确要求用于支持农作物病虫害专业化统防统治服务组织外，其他由农业部门掌握使用的用于支持农业生产性服务业的资金项目基本没有。而且"农作物病虫害防治补助资金"基本上是从农业部门原有植保经费中变更使用方向，不是新增的资金。另外，水稻集中育秧、测土配方施肥等项目，虽有部分财政资金支持，也是靠从农业部门原有相关项目资金中调剂而来。最近听说从2013年下半年开始，中央从"财政支持现代农业"项目中安排了一笔不小的资金用于支持开展农业社会化服务工作，但这笔资金主要由财政部门直接掌握使用，农业部门只是参与实施，笔者担心财政部门因为人手少，且没有农业部门熟悉具体的业务工作，可能会出现工作难以到位、资金效益难以充分显现的不良后果。另外，从职能划分来看，农业部门是农业生产的主管部门，凡是涉农资金理应由农业部门为主统筹安排和管理，但目前我国涉农资金安排过于分散，财政、发改委、国土、粮食等部门都直接掌握多笔农业项目资金，这是我国农业生产领域存在的最大体制障碍，很容易导致资金使用的紊乱和管理的漏洞，难以充分发挥资金的使用效率。此外，在对农民专业合作经济组织的发展扶持上，也存在资金分散、目标不明、监管服务部门多等问题，制约了现代农业生产性服务业的持续快速发展。

### 三、加快农业生产性服务业发展的对策

**（一）要加强宣传，提高认识，营造全社会重视支持农业生产性服务业和农机化发展的良好氛围**

随着城市化、工业化的快速发展，农村缺乏劳动力的问题是制约当前农业发展的最大障碍，急需发展农业生产性服务业。而农业生产性服务业又离不开农业机械化的发展。目前，60%以上的粮食生产劳动过程靠农业机械完成，而且这个比例还将逐年越来越高。因此，我们要充分利用主流媒体的影响力，大力宣传农业生产性服务业和农业机械化发展方面的先进典型、取得的良好效益和存在的问题，使各级领导和广大农民充分认识农业生产性服务业和农业机械化带来的好处和作用，促使他们转变观念，形成全社会关心支持农业生产性服务业和农业机械化发展的良好氛围；同时，要尽快制订《农业生产性服务业和农业机械化发展规划》，把引导扶持农业生产性服务业和农业机械化的发展纳入各级党委政府的议事日程。

**（二）要加强领导，增加投入，尽快出台引导扶持农业生产性服务业和农业机械化发展的政策**

在国家经济实力逐步强大、已经进入"工业反哺农业、城市支持农村"的今天，我们完全应该为农业、农村和农民做一些实实在在的事情，通过各种途径和方式对从事农业生产性服务业（含农机服务）的企业给予支持帮助。建议各级政府及相关部门本着"政府引导，市场运作，强化监管，稳步推进"的原则，加强合作，整合资源，出台并落实相关政策，大力扶持农业生产性服务组织的发展。

一是设立农作物病虫害统防统治、集中育秧、测土配方施肥、农机化技术推广等农业生产性服务业和农业机械化发展专项资金，引导龙头企业、农民专业合作社、农产品行业协会和专业大户发展农业生产性服务业和农业机械化，发挥财政资金"四两拨千斤"的作用。财政资金补贴的主要内容包括：技术培训；新型农药、肥料、良种、农机等先进实用科技产品的研发与推广补贴；农业政策性保险补贴；服务组织能力建设补贴（如农机具库棚、

维修站、配药间、农机购置等）、机耕路建设补贴等。

二是建立现代农村金融制度和税收优惠政策。在农业产业化和区域专业化程度较高的地区发展大型商业银行、村镇银行、小额贷款公司、政策性金融和农村合作金融等多层次的农村金融服务主体，采取贷款贴息、税费优惠等方式，为龙头企业、农民专业合作社和专业大户等不同需求主体提供差别化、个性化服务。

三是发展政策性农业保险，建立以农业生产性服务业为主体的农业再保险和巨灾风险分担机制，探索发展农业生产性服务业的保险品种。

四是实行市场准入制度，对进入市场的企业或组织进行资格认定，实行会员制，对销售不合格产品的企业取消会员资格，维护用户利益；积极发展并完善各种农机产品行业协会、专业合作组织和中介组织，加强相互协调和行业自律。

### （三）要加强政府公共服务，提升公共服务水平

加快构建以公益性服务、经营性服务和自助性服务相结合、专项服务和综合服务相协调的新型农业社会化服务体系。

一是建立健全农业公共服务机构和管理体制机制。加快建设乡（镇）或区域性农业、农机技术推广、动植物疫病防控、农产品质量监管等公共服务机构，创新农业公共服务机构管理体制和运行机制，把具有服务意识、真才实学的专业技术人员、大中专毕业生选拔到农业公共服务岗位上来，将农业公共服务人员的工作量和为农民服务的实绩作为主要考核指标，让家庭农场主、合作社和涉农公司评价，并将它们的评价作为重要考核内容，还要让农业公共服务人员的收入与岗位职责、工作业绩挂钩，充分调动他们的工作积极性和主动性。改进完善农业技术服务投资机制，促使公益性服务机构的重大技术推广、科学技术培训、动植物疫病防控、农机服务及跨区作业、农资质量监督等公益服务有各级财政专项资金支持。创新农业服务机制，重点推广现代农技农机咨询平台、农技农机入户包村联户制度、农技农机推广责任制和村级综合服务站等服务模式，增加农业服务的动力与活力。创新对社会化服务组织的扶持方式，可采取政府订购、定向委托、奖励补助、招投标等方式，引导各类服务组织开展农业生产性服务。进一步加大对农机信息化的投入，建立健全农机信息化服务体系，及时传递农机作业需求、价格行情、

天气资讯、油料供给、维修服务等重要即时信息，及时发布市场分析、形势预测、政策动向等方面信息，提升农机化信息服务水平。总之，要通过对公共服务机构的改革和服务机制的创新，使公共服务机构的服务能力与其履行的职能相匹配，通过承担公益性的农业社会化服务项目，满足农民的服务需求，促进农业效率的提高。

二是壮大村级集体经济实力，努力提高其农业社会化服务能力。村级服务机构在发挥农业社会化服务功能上处于特殊地位，起着直接作用。村级农业社会化服务直接与农户见面，对农民情况最熟悉，因此是各种层次农业社会化服务的基础。从节约成本和便于管理的角度考虑，各种专业的社会化服务组织完全没有必要分别建立自己的村级服务站，建议由政府帮助村级组织建立村级农业综合服务站点，由村级组织承担农业公共服务、公益事业和部分有偿的农业生产性服务，以提高村级服务组织的实力与活力。

三是大力发展农民专业合作和股份合作。要进一步制定鼓励农民专业合作社做大做强的优惠政策，重点支持农民专业合作社增强为家庭农场的技术服务能力、农产品加工能力、农产品品牌营销能力和资金互助合作的能力，形成生产合作、供销合作和信用合作"三位一体"的合作机制，为家庭农场和农民提供低成本、便利化、全方位的社会化服务。支持农民合作社开展农产品直销。建议参照城市政府为买不起房的市民提供"廉租房"的做法，政府为农民专业合作社提供"廉租厂"。比照商务部扶持农村"千村万店工程"的做法，在大中城市为农民量身定做"千城万店工程"，支持农民专业合作社在大中城市社区建设绿色农产品直销店。通过税费优惠等措施，将销售渠道作为公共品，交给农民专业合作社使用。

四是大力发展农业产业化龙头企业。农业产业化龙头企业是新型农业社会化服务体系的骨干力量，要按照"扶优、扶大、扶强"的原则，加大财政、金融、税收支持力度，培育壮大一批成长性好、带动力强的龙头企业，支持龙头企业跨区域经营，促进家庭农场和优势产业集群发展。根据农业部的规划，到"十二五"期末，龙头企业总数将达15万家，销售收入上百亿元的企业达100家，在全国形成一批年产值过百亿元的龙头企业集群，农业产业化组织带动农户1.3亿户左右。同时，龙头企业也要加强自身建设，要完善与农民的利益联结机制，形成企业与农户的责、权、利相一致的利益共同体。通过企业的带动和农业产业化经营，重点开展农产品加工、销售、农资供应、统防统治等生产性服务，共同分享农业产业化经营和社会化服务所带来的利益，推进现代农业的发展和社会主义新农村建设。

### （四）加强农艺与农机的深度融合，共同推进现代农业发展

农机与农艺理应是一个不可分割的统一整体。农艺与农机深度融合，就是农机与农艺两者要和谐、协调发展。在农机化发展初期，两者发展不均衡、不同步的矛盾并不显得十分突出，随着农机化向农业生产各个领域渗透，手工劳动（畜力作业）逐步被机械作业所替代，两者的关系将越来越紧密，两者的矛盾也将随之加剧，所以有必要建立农机与农艺专家共同确定农业耕作、栽培技术的机构与机制。

一是要加强组织协调。农机与农艺的配套涉及农业、农机两部门的科研、技术推广、农机具生产制造等诸多部门。因此，有必要建立由各地农业部门牵头、农业农机科技、管理人员参加的联席会议制度，认真制订当地农机农艺配套协作技术的项目、规划、设计方案，引进推广与当地农艺相适合的新式农机具。

二是适当增加对农机化的投资比例。国家投向整个农业的各类资金，应该说力度是逐年加大，但农机投资的比例相对较小，长此以往，难以使农机与农艺同步协调发展。各级政府应对"适用农机"购置实行专项补贴，以调动农民、农业企业投资大型农机和设备的积极性，提高农机装备水平。

三是要突出抓好农机农艺结合的重点。由于各方面的客观条件限制，目前各地农机与农艺的结合还达不到很高水平，各地区农机农技部门应把有限的人力、物力、财力用于重点项目上，通过抓重点和坚持不懈的努力，做到各个击破，使农机农艺的配合达到更高层次和水平。

### （五）要加强企业自主创新，延伸服务链条，逐步推进综合服务

农业生产服务组织（含农机服务组织）能否盈利、赢多大的利，根本出路还在于服务组织这个市场主体自身的努力。

一要理性投资，不要盲目贪大求洋。要从企业自身实际和当地经济发展环境和农民的需求出发，积极稳妥推进。

二要把服务领域向产前、产中、产后全过程延伸，向育苗、耕种、施肥、插秧、收割、农产品加工、市场营销等多领域拓展。让从业人员一年四

季都有事做，农用机械一机多用，组装配套，人闲机不闲，从而稳定提高服务组织和从业人员的收入，让其收入不低于当地城乡劳动力的平均工资水平。

三要引进专业技术人才和先进农用机械，形成企业的核心竞争力。例如，专业化统防统治组织，应重点引进植保专业技术人才、先进实用机动或电动喷雾器以及遥控飞机施药等先进施药平台，以抢占制高点，形成自己专业化防治病虫害的核心竞争力；农机服务组织要以"人才兴机"为目标，努力抓好农机人才队伍建设，重视和加强农机操作手和农机户的培训和教育，多层面、多渠道培养农机鉴定、推广、维修等方面专业人才，建立一支精干的专业技术队伍；以农民培训项目为依托，让"阳光工程"和"职业技能培训"落到实处，加强对农机驾驶、操作和维修等从业人员的培训，培养他们成为有文化、懂技术、会经营的新型农民，解决农机人才力量不足的问题。

四要创新经营管理机制，形成合适的企业盈利模式。要多渠道争取农机服务组织建设资金，大力发展股份制，股份合作制等多种形式的农机服务组织，并引导服务组织合理布局，广泛开展代耕、代种、代收、代储以及土地承包，股份合作等项目服务，实现规模经营，形成新型农机服务产业链；同时要根据农业服务业的行业特点，如分散性、区域性、难监督性，本着集中与分散相结合的原则，适当下放责、权、利，压缩管理层级，充分调动村级服务站长和机防队员等基层从业人员的积极性，采取这种模式开展专业化统防统治服务，既能降低企业管理成本，提升企业盈利能力，又能确保基层从业人员的收入，还能让接受服务的农民获得实实在在的好处，真正实现"三赢"。

五要成立"产业农协"组织，为各种类型、各个层面的农业经营主体提供组织化平台。把各种资源要素组合成服务产品，用服务产品做桥梁纽带来实现组织化，提升产业链的整体竞争能力。各类农业经营主体在产业农协的组织协调下，利用信息网络进行有实有虚的产加销一体化经营，实现农业的自然资源与商业要素低成本跨区域跨行业流动组合。这样，农户就不再是孤立的"原子化"状态，农户经营规模的大小已不是实现组织化的壁垒，产业农协提供的农业细分产业链组织平台，给小农户预留了位置，提供了相应的角色，并可分享整个产业链的增值收益。由于有产业农协为农户提供组织化服务，就不必为了实现规模化强制进行土地流转，也不必对农户进行削足适履的规模化改造。产业农协还是国家宏观调控的抓手，通过对农产品产供销积极主动的组织协调，可以减轻国家宏观调控的压力。

## 让农业享有更多的公共服务

发展现代农业，完善的社会化服务体系是不可或缺的。但从总体上看，我国农业社会化服务体系服务能力弱、服务领域有欠缺、服务对接机制不完善等问题还比较突出。如何加速推进乡村农业公共服务体系建设，让农业享有更多的公共服务？近年来辽宁省大连市做了很多的有益探索。

大连市从 2006 年起在全省率先实现了"三员"进村，由市县政府出资为每个行政村都配备一名农技推广员、动物防疫员、护林员。"三员"进村在农业新品种新技术推广、重大动物疫病防控和森林防火等方面起到了重要作用。

大连市副市长卢林指出，大连市积极推进乡村农业公共服务体系建设，基本构建起以农业技术推广体系、农产品质量安全监管体系和动物疫病防控体系为主体的乡村农业公共服务体系框架，有效增强了乡村农业公共服务能力，为实施科教兴农战略、防控动植物疫病、保障农产品质量安全发挥了重要作用。

### 乡村农技推广体系：把科技最快送给农民

曲老汉是瓦房店市谢屯镇谢屯村的一把种田好手，他家种了 5 亩地，常年亩产稳定在千斤以上。可是不知为什么，近些年他家的地化肥没少上就是"不打粮"。村里的农技推广员王延庆了解情况后，取土样到瓦房店市农业中心化验后，送了他一张施肥建议卡。曲老汉按方施肥后，2012 年 5 亩地打了 6 000 多斤粮，单产达到了 1 200 斤，这下曲老汉满意了。

瓦房店市农业技术推广中心副主任吴祖善对记者说："2007 年以前村上的农技员都是兼职，农技推广体系可以说是网破线断人散。大连市制定农技推广政策，将村级农技员纳入财政补贴，这个钱拿得值。"

农业科技推广不是说上面打个电话发个通知就能把技术推广开来，很多农民得在看到实际效果后才能应用新技术。元台镇大王村技术员王百超告诉记者："大棚秸秆反应堆技术刚开始推广农民不认，得我自己示范，大伙看到实际效果后抢着干，如今村里有600个棚用上反应堆。"

2008年，按照中央和省要求，大连市开展基层农技推广体系改革与建设，到2010年全市基本构建起以乡镇农技站为核心的市、县、乡、村四级农技推广体系。但是在乡镇农技站管理体制上仍然维持以乡镇管理为主的管理体制，存在"三定"工作没有落实到位、农技人员混岗使用等问题。

大连市农委科教处处长袁宗惠说，为建立运转高效、服务到位、农民满意的基层农技推广体系，2012年，大连市决定进一步深化基层农技推广体系改革，提出将目前的乡镇站管理体制，理顺为"三权归县"、双重管理、以县为主的管理体制，实现人权与事权的有机统一，进一步发挥乡镇农技站核心作用。

## 农产品质量安全监管体系：每村都有监管员

从2010年起，大连市又在村里设了农产品质量监管员，并在乡镇设立监管机构。庄河市吴炉镇徐营村的杨贵君不但是农技推广员，还身兼农产品质量监管员。他告诉记者："之前做技术员是村里给钱，一开始1年只有几百元最多有千八百元。2007年后，由市里补助一年给4 000元，今年将给身兼农产品质量监管员增加1 000元。"

吴炉镇农业技术推广站的刘大勋是农产品监督检查员，他对记者说："7月初我们到各村采集了15个蔬菜样品进行检测，按照农产品监管要求1年要检测300个样本，从全镇的企业与农户中随机抽检。一次样品检测费用在30～50元。以检测为手段，对不安全产品可以追溯，提高农民的产品质量安全意识，生产出绿色食品。"

目前大连市县乡村四级农产品质量安全监管体系全部建成。

一个是种植业监管体系，县乡两级监管机构通过加挂牌子、增加人员、赋予职能等措施，加强建设。11个区市县（先导区）在原有科（处）名称上加挂了"农产品质量安全监管科（处）"牌子，106个乡镇（街道）在现有农业技术推广站上加挂了"农产品质量安全监管站"牌子。大连市农委还与市编办、市财政局沟通，使1 027个村级农业技术推广员兼任了村农产品质量安全监管员，并且每年每人给予1 000元工作经费补贴。

在畜产品监管体系建设方面，全市 78 个畜产品生产乡镇在原有的乡镇动物卫生监督所基础上，通过加挂牌子、赋予职能、充实人员、完善条件，实施联合建设，全部加挂了"畜产品安全监督所"牌子，切实履行基层畜产品安全及兽药饲料监督管理职责，承担起"瘦肉精"等违禁物质快速检测工作任务。

### 动物疫病防控体系：防疫员专职上岗

庄河市吴炉镇徐营村的村民王悦东前不久抓了一头猪仔，到家后他马上打电话给村里的防疫员孙国君让他给猪仔打针免疫。相对于农技员、护林员，农村的防疫员的工作要爬猪圈、进牛棚，最苦也最累，孙国君告诉记者："刚开始给我们一年补助 3 000 元，从去年起涨到 6 000 元。一年到头每月都要做防疫工作，我从前靠治病挣钱，现在改防疫后老百姓都认，没有一个不防的，也无病可治了。"

瓦房店市元台镇潘屯村的防疫员王书臣也说，以前村里没有专职防疫员时，道边、河边死鸡死猪不少。防疫意识提高了，死鸡死猪就没有了。

多年来，大连市农委高度重视重大动物疫病防控和基层动物防疫体系建设工作，目前全市所有区市县均已完成兽医体制改革任务，已建立起较为完备的市、县、乡、村四级动物防疫体系。通过改革全面理顺了基层动物卫生管理体制，保障了各项动物卫生监督管理工作得以顺利开展。

大连市农委兽医处处长胡宗保向记者介绍说，为优化基层工作环境，有效提高基层动物防疫、监测水平和疫病控制等能力，大连市从 2004 年开始分三批共投资 1 800 多万元高标准建设了 87 个重点乡镇动物卫生监督所，同时，积极争取国家乡镇站改（扩）建项目，进一步改善了乡镇所办公环境和设施设备；积极争取国家每年投入大连市 360 万元基层防疫工作补助经费，各区市县也都积极创造条件，强化硬件建设，增加经费投入，为基层动物防疫等工作的顺利开展提供了有力的保障。

下一步，大连市动物防疫机构要进一步完善目前的管理模式，设立专人（专业技术人员）负责畜牧业生产指导、培训和技术推广工作，抓好 1 021 个村级兽医工作室建设。

### 信息化服务体系：示范站接通"最后一公里"

普兰店市城子坦镇是全国棚桃成熟最早的地方，虽然全国各地来的收购客商也不少，但是他们往往有压级压价的现象。2013 年 3 月初，镇农村信息服务示范站的信息员吕福文在"农信直通"的供求信息栏里发布了棚桃已成熟上市的信息。让他高兴的是很快就有一位浙江的水果商来电话联系了，两天后，他就来收购了，后来又有几位来电联系收购。

吕福文告诉记者："可以说今年我镇的棚桃卖了一个历史的最高价，和他们几位客商有一定的关系。我身边的农民朋友说我们的桃也上网了，明年你还要让我们的桃上网，上网就能卖个好价钱！"

农村信息服务示范站是强化农业信息化体系建设的有力推手，是推广各类农业信息技术、提高农民信息化水平的直接手段，也是农业信息化服务"三农"的主要窗口。建设农村信息服务示范站，为解决农业信息化"最后一公里"问题提供了一条有效的途径。

大连市农业信息中心主任宋晓明说，大连市自 2009 年起到 2011 年底，在全市范围内已建成农村信息服务示范站 382 个，实现了所有乡镇全覆盖。重点选择辐射范围广、带动能力强的行政村、龙头企业、农民合作社、农资店、批发市场、乡镇农技站等，为其配发了电脑、农村信息机、打印机等配套设备。农业信息服务体系要重点加强村级信息点建设，进一步为农民提供生产、销售等方面服务。

目前全市共有农村信息员近 400 人，多次举办培训提高农村信息员的素质和能力。到 2013 年 7 月，全市共举办农村信息员集中培训 27 期，培训 2 000 多人次。通过培训，使信息员能够及时掌握各类信息应用技术，逐步建立起一支"会收集、会分析、会传播信息"的现代农业农村信息服务队伍。

### 乡村农业公共服务体系：农民满意是主要考核指标

大连市农委主任周洲说，实现农业现代化，必须建立完善的农业社会化服务体系，充分发挥公共服务机构作用，构建公益性服务与经营性服务机构相结合、专项服务与综合服务相协调的新型农业社会化服务体系，为广大农民提供从信息、种苗、科技到加工、储运、销售的"一条龙"式服务。

周洲介绍说，大连市将加快完善乡村农业公共服务体系建设，总体目标是以乡镇公共服务机构、村级服务站点建设为核心，以明确职责、健全机制为重点，完善乡村农技推广体系、农产品质量安全监管体系、动物疫病防控体系、农机化服务体系和信息化服务体系等五大体系，建立运行高效、服务到位、支撑有力、农民满意的乡村农业公共服务体系，使其有完善的管理体制、规范的运行机制、精干的人员队伍、稳定的经费保障、必要的工作条件，为都市型现代农业发展提供支持。

（引自吕明宜等《农民日报》，2013 年 8 月 29 日）

# 第七章　完善农业基础设施：破解"高产稳产"难题

## 一、农业基础设施是建设现代农业的重要物质基础

农业基础设施是指与农业生产发展密切相关的各类基础设施，主要包括农田水利、农田道路、农产品烘干设施场地、信息网络等，它是农业高产稳产和实现农产品销售的重要物质基础，也是衡量农业发展水平的重要方面。

农业基础设施属于公共产品或准公共产品范畴，具有使用上的排他性和非竞争性，供给过程、供给机制和供给取向上的公平性是其基本特征，市场机制无法实现资源在公共产品领域中的有效配置，因此，政府在基础设施建设上负有重要职责。

农业基础设施具有特定的两个特征：一是与工业和城市基础设施相比，其技术含量和资本含量通常要低得多，所用的技术相对简单，且包含了大量的劳动积累，由较多的活劳动与少量的资本相配套，活劳动直接转化为凝聚的资本形态；二是由于农业活动具有空间上的分散性和时间上的季节性，所以，在一定的空间单位标准下，农村基础设施的分布密度要远低于工业和城市基础设施。在一般情况下，其利用系数也相对较低，投资回收期会更长。

## 二、农业基础设施建设现状与问题

"十一五"期间，我国政府支农投入不断加大，农业基础设施建设成就斐然，规划目标得以全面实现，农业生产能力明显提升。这5年政府"三农"总支出是"十五"期间累计总支出的2.6倍。2010年中央财政"三农"总支出比"十五"初期2001年增加约5倍（按当年价），9年间年均增长19.5%。2010年全国完成了对6 240座大中型和重点小型病险水库除险加固任务，更新改造了中部粮食主产区的140处大型排涝泵站，农田有效灌溉面积不断增加。农业机械总动力逐年提高，各类农机作业服务组织、农机户达

到 3 850 万个，耕种收综合机械化水平达 48.8%，比"十五"期末提高了 18 个百分点，极大地提高了现代农业的发展水平。全国农村公路总里程达到 345 万千米，比"十五"期末增加 53.5 万千米，东中部地区建制村公路通达率达到 94%，基本实现了东中部地区"油路到村"，西部地区"油路到乡"的建设目标，为加快农村经济和农业现代化步伐奠定了坚实的基础。

以湖南为例，改革开放以来，特别是 1998 年实施积极的财政政策至今，加大了对农村公路建设的投入，增加了国债资金、以工代赈资金和车购税资金的专项补助，实施了贫困县出口公路建设，西部地区通县油路建设，中部通乡公路改造工程。经过几十年的建设，湖南农村交通面貌发生了深刻变化，公路已经具有相当规模，基本形成了连接千家万户的农村公路网络，在农村经济发展和农民致富中发挥了十分重要的基础性作用。在农田水利建设方面，1994 年以来，连续 15 年开展全省"芙蓉杯"水利建设竞赛评比，将农田水利建设作为重要考核指标列入地方政府年度工作考核目标，出台了一系列加强农田水利建设的政策和举措。如 2007 年，出台了《关于建立农田水利建设新机制的意见》，按照"统一规划，项目管理，渠道不变，各计其功"的原则，整合各类涉水资金，仅 2006—2007 年，完成水利投资 120 多亿元，治理病险水库 1 380 多座，新增和改善灌溉面积 350 万亩，解决了 188 万人的饮水困难。2008 年争取国家投入 38.75 亿元，达到历史最好水平。与此同时大力发展民营水利，以投资权换经营权，以土地使用权换无偿灌溉权，用个人资本换群众集资等方法，走出了一条"民建、民有、民营"的农村水利建设的新路子，仅茶陵、攸县一年就投入民间资本 8 000 多万元。推进以小型农田水利设施产权流转为重点的农田水利管理体制改革。对小型水利工程采取承包、租赁、拍卖、股份等形式，全省已有 129.73 万处小型水利工程建立起防汛抗旱、综合经营、工程管理"三位一体"的管理模式。引导和扶持农民用水户协会发展，实行"民主参与、民主管理、民主决策"。全省 122 个县均成立了用水户协会，总数超过 1 000 个。积极开展"一事一议"，按照"突出重点、统筹安排"的原则，对投资额度实行"民办公助"，对积极性高的地区，对群众早日受益的项目开口子，提高民办公助比例。至 2010 年，全省已建成各类农田水利工程 313.5 万处，其中大型灌区 21 处、中型灌区 296 处、渠道 36.8 万条长 81.7 万千米、塘坝 227.2 万处、小水库 1.3 万座、小微型集雨工程 39.9 万处，小泵站8.2万处，设计灌溉面积2 285万亩，占全省有效灌溉面积的57％。

但是，我国农业基础设施建设依然滞后于农业农村发展的实际需要。

## （一）农田水利设施建设严重不足

我国平均每年农田受旱面积达3亿亩以上，中等干旱年份灌区缺水300亿立方米，每年因旱减产粮食数百万吨。据湖南省水利厅统计，至2006年底，全省大中小型灌区加权平均灌溉水利用率仅为41.3％，其中小型灌区灌溉水利用率为40.7％。小水库、小塘坝蓄水能力不到原有蓄水量的60％，泵站机电设备严重老化，大部分是使用60年代的电机，能耗高、出力低，一般出力不足60％。灌区渠系破毁损严重，大部分土渠淤塞不通。山丘区抗旱机埠只有50％可以利用，遇到大旱年，远不能保证抗旱需要。尤其是小水窖、小水池、小塘坝、小泵站、小水渠等"五小"水利工程抗旱能力较弱。由于近年来没有充分激发农民在水利建设管理中的主体作用，"五小"水利工程管理维护严重缺位，塘坝淤积、渠道损毁、泵站失修等问题比较普遍，且多数没有与大中型灌区工程连成一体，本身抗旱能力很弱，工程效益不断衰减。全省166万处塘坝实际蓄水能力仅为原有的60％，14.2万千米小型渠道衬砌率仅15％，5万多处泵站已实施改造的还不足3％，难以发挥应有的抗旱作用。如2013年夏季，湖南省遭遇了新中国成立以来最严重的旱灾。全省14个市（州）120余个县（市、区）有2 137个乡镇、3.64万

农田水利设施落后已成为粮食高产稳产的重大障碍因子，
图为正在施工中的炉山水库堤坝硬化工程（张政兵摄）

个村受旱，分别占全省乡镇、行政村总数的88.2％、85.6％。共造成2 167万亩农作物受旱，成灾1 181万亩，绝收206万亩，因旱减产粮食100万吨；造成水产养殖减产、经济作物受旱、林业受损及部分工业企业停产，直接经济损失达45.3亿元。并有330.7万多人、106.4万多头大牲畜出现饮水困难，7个县级以上城市供水受到严重影响；全省3 707条溪河断流，2 822座小型水库、52.3万处山塘干涸，造成航运受阻、局部水质恶化、水生态退化等一系列影响。

如20世纪70年代，欧阳海灌区耒阳境内就建有渠道367条，长1 259千米，配套灌区效益面积27.24万亩，但如今灌溉面积大大缩小，导致1/3以上的耕地"双改单"或抛荒。

2013年7—8月，湖南省遭受新中国成立以来最严重的旱灾，共造成农作物受旱面积2 167万亩，成灾1 181万亩，绝收206万亩，因旱减产粮食100万吨，造成直接经济损失达45.3亿元。图为湖南省桃源县中稻遭灾被毁场景（李一平摄）

同时小型水库、灌区、机埠、泵站和塘坝的安全隐患令人十分担忧。湖区一般蓄洪垸堤安全设施建设滞后，遇到分蓄洪水时启用困难。农村水生态环境恶化的趋势未得到有效缓解，群众饮用水源污染较重，全省还有1 200万农村人口存在饮水不安全问题。尤其是全省13 100多座中小型水库中属病险水库的有5 600多座，占总数的42.7％。这类小水库大多处于村庄上游，落差大，一旦垮塌对生命财产的安全威胁很大。据调查，澧县松澧大垸的农田水利设施中20世纪70年代前修建的占到六成，大多不能满足现有农业发展需要，有的甚至成了灾害隐患。如该垸内管理的小渡口镇、九垸乡和永丰乡的部分水利设施，以前即使三天内降雨量超过100毫米，垸内沟渠也能基本上将雨水排出垸外，而现在由于河床提高，沟渠不畅，降雨量超过80毫米就会导致局部受灾；汉寿县有种植水稻的先天条件，但近几年来也存在着水源不足的情况。该县大桥村的三背塘负责灌溉该村300余亩面积的山塘，因年久失修，塘底淤泥愈积愈多，水渠也几近废弃，现有灌溉面积越来越小，导致这几年来水稻田改种旱季作物的现象越来越多，接受调查的10户农户的水稻播种面积已从2008年以前的157.9亩锐减到目前的10.3亩，其余均因供水不足被迫改种棉花等旱季作物。

## （二）农村道路建设攻坚难度较大

农村道路建设中自然村与自然村之间、自然村与行政村、行政村与乡镇之间的道路衔接问题严峻，建养体制不健全。农产品运销难、农民出行难的问题没有得到根本解决。以湖南省为例，"十一五"全省建制村通畅工程建设规模为90 242千米，到2010年底，建制村通畅率也只能达到80%，仍将有9 565个建制村不能通畅，涉及里程33 205千米，其中县乡道13 559千米，村道19 646千米。从中部六省排名看，建制村通畅率位列末位。另外，全省还有1 774个村完全不通公路。且已修好的农村公路除县级以上道路有专业队伍管养外，其余乡、村道公路由各乡镇政府和村民委员会负责养护管理，乡、村公路没有专门的养护人员，缺乏专业化的技术装备，导致养护质量低下。据调查，湖南省相当一部分村的公路硬化了好几年，但至今没培路肩、水沟仍未通，更谈不上路面清扫和安全防护设施等，这样既影响了道路的使用寿命，同时带来了很多的安全隐患。一些农村公路尤其是通村公路前修后坏、晴通雨阻的情况相当突出。

## （三）信息化薄弱问题仍未从根本上改变

目前，我国乡村电视广播和文化信息资源共享工程尚未全面覆盖，农村网络信息系统投入成本高，建设难度大。

分析一下我国农田、农村基础设施建设落后的原因，一是投入不足。以湖南省为例，1978—2008年全省社会固定资产投资占GDP的比重稳步攀升

（1978 年为 13.71％，2008 年为 50.64％），农村固定资产投资占 GDP 的比重却一直在低位徘徊（1978 年为 2.77％，2008 年为 5.87％），而农村固定资产投资占全社会投资的比重呈下降态势（1978 年为 20.2％，2008 年为 11.58％）。湖南省农村人口占总人口的 65％，粮、棉、油、猪等主要农产品居全国前列，农林水事务支出占财政支出的比重 1978 年仅为 14.6％、2003 年仅为 6.31％、2007 年仅为 9.28％。

二是农村基础设施建设机构不适应。目前从中央到地方直接分配、管理、使用农村基础设施投资的有发改委、财政、科技、水利、农业、林业、气象、国土、扶贫、农业综合开发、防汛抗旱等 10 多个部门，如果加上交通、电力、教育、卫生、文化、民政等与农业基础设施有关的专项投资部门则更多。在各部门内部，又分别有多个司局、处室负责分配和管理农业基础设施投资。而负责各种项目落实的村级集体经济组织却没有任何项目资金安排和组织实施的权力，导致项目实施与真正的生产需求脱节。加上各项目缺乏有机整合，难以对区域内农村基础设施建设的整体性进行全盘考虑，导致资金使用分散、投入交叉或缺位等现象较严重，财政农业资金使用效益不高。

三是工程管理维护机制不健全。由于水利工程维护管理没有建立与之相适应的、完善的体制机制，导致大量水利工程老化失修、效益衰减，特别是"五小"水利工程出现了"有人用、无人建、无人管"的现象。比如：大中型水利工程以前主要靠收取水费维持正常管理维护，但随着农业税的取消，水费收缴越来越难，从而造成了工程管理维护资金的缺乏和病险隐患处置不及时，"小病积成大病，大病酿成事故"。又比如："五小"水利工程设施以前主要依靠农民自建自管，但 2003 年取消农村"两工"后，未建立起有效的农民参与机制，建设管理主体严重缺位，加之受农业比较效益不高、农民投入意愿下降以及农村劳动力大量外出务工等因素影响，"五小"水利工程建设管理面临巨大困境。

### 三、加强农业基础设施建设的对策

当前加快推进农业基础设施建设，适逢我国实施"三化同步"战略的关键时期。下一步，要紧紧围绕粮食安全、农民增收、农业现代化的战略部署，围绕农民最关心、最急需、最现实的问题，持续加大支持力度，重点推进农田水利、农村道路、信息化等基础设施建设，在重视大中型基础设施建设的同时逐渐向中小型基础设施延伸，集中力量攻克当前农业基础设施建设难点问题。

## （一）切实制定好建设规划，明确农业基础设施建设投资重点

各地新农村建设起点有高低、进程有快慢、特色各不同，农村基础设施建设必须坚持从实际出发，因地制宜、分类指导。总体来看，当前要把家庭农场基础设施建设纳入各级规划投资建设范围。重点抓好水库水源规划建设、灌溉渠道、农田机耕道、农场道路、水电、厂房设备等基础设施建设，尤其要鼓励和扶持家庭农场开展山丘小水窖、小水池、小塘坝、小泵站、小水渠等"五小"水利工程建设，可采取"先建后补"的办法，对达到建设标准的，由国家给予奖补。与此同时，要利用国家原有的农田水利、信息工程等项目，优先抓好以下基础设施建设，包括：农田水利设施的重建、改造、管护和运营工程、大江大河河道整治、标准化农田建设、农产品批发市场建设、电力建设、农业物联网应用以及广播电视网、电信网与互联网的"三网合一"工程建设等。

## （二）切实加强项目整合，建立农业基础设施建设问责制

从有关部门抽样调查的情况看，部分地区对政策执行不力，国家惠农政策执行、支农资金使用没有完全落实到位，政策在促进农业发展和农民增收上的优势和潜力还没有完全发挥出来，农民对此反应较大，在今后工作中各级政府要加大项目整合力度、加强政策执行督查。

一是强化组织领导，科学实施农业农村基础设施建设项目。实行农村基础设施建设领导责任制，完善组织领导机制；加强部门间、上下级间的协作与配合；加强市乡村之间的协作与配合，建立整体联动机制。

二是实行目标管理，重点围绕新时期农村公路、农田水利、信息网络建设目标，认真实施，确保完成。落实基础设施管理机构和养护资金，加快安保工程建设，提升基础设施管养水平。

三是建立各级政府农村基础设施建设"问责制"，以地方行政首长负责制为核心，全面落实农田水利等基础设施建设责任体系，并与耕地保护和防汛抗旱责任挂钩，将责任落实到项目、到部门、到人，把农村公路、农田水

利、信息化等建设作为重要考核指标列入地方政府年度工作考核目标,要加大对责任落实的检查、督导力度和依法行政力度,发现问题严格责任追究,确保将国家的优惠政策真正落到实处。

### (三)切实加强设施管理,建立农业基础设施科学管护长效机制

水利等农业基础设施要发挥最佳效益,科学管理比工程建设更重要。因此要重点发挥村级基层组织的作用,创新工程管护机制。

一是要充分尊重农民意愿,调动广大农民的积极性、主动性和创造性,引导他们增加投入,大力发展生产,培育农村新产业,发展专业合作组织,壮大农村经济实力,提高收入水平,确保新农村建设有坚实的物质基础保障。

二是要充分尊重农民的知情权、参与权、管理权和监督权,切实保障农民权益。农村基础设施建设要围绕农民需求进行谋划,突出建设重点和优先序,坚持把国家支持和农民投工投劳有机结合起来,完善"一事一议"制度,在坚持群众自愿、民主决策的前提下,通过以奖代补、项目补助等方式,发挥政府投资的导向作用,引导农民对直接受益的基础设施建设投工投劳。

三是要加快农村小型基础设施产权制度改革。以明晰产权为核心,鼓励采取承包、租赁、拍卖、转让等多种形式,明确小型基础设施管护责任,充分调动村级集体经济组织及广大农民投资建设和管好农村小型基础设施的积极性,建立长效管护机制。要加快农村改革,形成有效的农业农村基础设施建设科学管运模式。在基础设施规划阶段就要考虑运营管护经费问题,将运营管护纳入项目总投资或明确管护经费来源,建立管护经费保障机制;对已竣工的基础设施项目要及时明确产权主体,健全管护机制,落实管护责任,确保工程长期发挥效益。

### (四)切实加快立法进程,为农业基础设施建设提供法制保障

立法保障是世界各国农村基础设施建设普遍奉行的原则。我国农村基础设施建设中存在的许多问题与立法的滞后密切相关。要加快与《农业法》相配套的农业投入立法进程,将已有重大农业投入政策法制化,保证国家农业投入的连续性和稳定性,明确各级政府是农村基础设施建设投资的责任主体,明确农村基础设施建设中政府、集体与国民的责任和权益。各地要结合本地区实际,积极探索农村基础设施建设与管护模式,在机构设置、资金筹措和制度建设方面出台相应政策,使农村基础设施建设获得稳定的法律保

障。地方人大要尽快制定出台《抗旱条例》实施办法，加快修订完善抗旱预案，规范抗旱行为，提高抗旱实效。

**延伸阅读**
YANSHEN YUEDU

## 湖南大旱过后的思考　抗旱"短板"待补齐

大旱是对人的一种考验，更是对湖南省抗旱设施及能力的拷问。

众志成城伏旱魔，湖南省广大干部群众经受住了历史罕见大旱的严峻考验。但今年大旱，也暴露出了不少薄弱环节。只有不断补齐"短板"，湖南省抗旱救灾能力才会不断提升。

### 灌溉"毛细血管"不通

8月2日，久旱的新化县荣华乡荷华村，通过勉强修补一番的土渠，终于从新田水库引来一小股水，保住了部分中稻。

已完成除险加固的新田水库可蓄水120万立方米，设计灌溉7个村。荷华村正好在中间，按理说用水不用愁。可是，由于土渠多年失修，放水流经上游3个村时，灌溉用一部分，漏掉一部分，到荷华村就"听不到水响了"，下游3个村更是用不到一滴水。

记者在2013年抗旱采访中发现，这种"看着水库喊渴"的现象有不少。

近年来，在中央和省财政支持下，全省4 648座水库摘除了"病险"帽子，恢复和新增库容19.9亿立方米，为抗大旱提供了水资源保障。而中小型灌区渠系长期缺少资金"渠道"，年久失修的水渠"跑、冒、滴、漏"，导致"看着水库喊渴"。

湖南省水利工程管理局副局长刘振林介绍，全省23处大型灌区由于有中央财政续建配套资金支持，整体灌溉能力发挥最好，2013年大旱中保灌面积达630万亩农田。但占灌溉面积大头的中小型灌区，是抗旱的最大薄弱环节。全省661处中型灌区，设计灌溉1 730万亩农田，由于长期失修，水的利用系数仅为0.42，灌区内有效灌溉面积不到七成。

从2009年以来，湖南省先后分5批实施92个全国小型农田水利重点县建设，但每个重点县每年连片建设面积也就2万亩左右，"巴掌大的一块"，能保灌的面积太小。

注入一股水，引来万股流。刘振林呼吁，加大对中型灌区和小农水建设支持，尽快疏通"毛细血管"。

## 资源调控手段不多

从总量来看，湖南省并不缺水，相对而言还是一个水资源大省，平均年水资源总量达 1 630 亿立方米，居全国第六位。

但是，"隔三差五"出现的大旱，又时刻提醒人们，闻名天下的"鱼米之乡"，常常受制水资源短缺。

其中原因在于，湖南省水资源时空分布极不均衡。在水资源最丰富的桑植县，年人均水资源量达 1.6 万立方米；而地处衡邵干旱走廊中的邵东县，年人均水资源量仅 1 100 立方米。另一个背景是，邵东的工业、农业都相对发达，需水量远远超过桑植等地。于是，每遇干旱年份，邵东常常首当其冲，并屡次成为受灾最严重的地区之一。

为了对付水旱灾害，湖南省曾修了不少水利工程。目前，全省共有1.3万座水库，总数占到全国总量的1/7，但由于湘江流域上游等缺乏关键的控制性水利工程，对拦蓄水资源、均衡水资源作用不大。洪涝季节的降雨，绝大部分变成了滚滚洪流，最终流入大海，无法"蓄洪补枯"。

同时，全省大多数城市没有应急备用水源，导致一些城区在 2013 年大旱中也面临饮水困难，暴露出城市同样存在对水资源调控手段不足的问题。2013 年干旱发展到极值时，许多河流水位急剧下降，邵东县、邵阳县等地的县城出现供水困难，被迫分时段限制供水。

## 社会抗旱救灾意识不强

防汛时期，洪峰迅猛而来，直观、震撼，人们对此认识深刻，反应快捷；而旱情是长时间持续蔓延的，好比"温水煮青蛙"，一开始不易察觉，也缺乏轰轰烈烈的场面，导致人们的抗旱救灾意识明显不如防汛救灾强。

从多年来与"水"斗争的历程中可以看出，湖南省也是以防汛居多。

事实上，现在干旱越来越频繁，旱情越来越严重，比洪涝灾害影响范围更大，造成的损失特别是对人民群众造成的损失也更大。截至 8 月 14 日，全省旱情指标达到最大值，全省共有 16 万平方千米国土面积出现不同程度旱情，6 万平方千米国土面积出现重度干旱，分别占国土面积的 74%、28%，可谓触目惊心。

洪水一条线，旱灾一大片。防汛时，百川归流，洪水集中到某条大江大河上，守好这条江河，就是胜利。抗旱时，旱情是扩散性的，每一株禾苗，每一蔸蔬菜，都可能成为受旱对象。但是，这些看似很小的问题往往不易引发关注，叠加起来却是大损失。

受全球气候变化影响，湖南省近年来极端天气事件明显增多，今后旱灾或许频发，全社会都应提高抗旱救灾意识，从长远做好应对抗大旱、抗长旱的充分准备。

## 散户抗旱积极性不高

7月底，桃江县桃花江镇罗家潭村旱象已经很明显，许多稻田里泥土开坼、禾苗枯萎。可是，就连在距离桃花江不足300米的一些农田里，也鲜见有人从江河抽水灌田。

当地村民告诉记者，这些田大多是散户种植，不图赚钱，只求保个口粮。虽说邻近江河，但现在多数散户一缺抽水设备，二缺青壮年劳力，抽水灌田确实有困难。

更深层次的原因还在于，从理性的经济角度考量，当前农产品价格不高，农民投入抗旱的成本过高，抗旱积极性自然不高。罗家潭村村民罗胜田的账算得很清楚："抽一天水，工钱加电费、油费要200元，灌一次田只能保3至5天，一季至少要抽水灌3次田，而一亩水稻也赚不到600元，不划算。"

而在没有水源、需要利用打井等成本更高手段去抗旱的地区，散户农户放弃抗旱的现象比比皆是。

相较于散户的"无动于衷"，种粮大户应对旱灾则显得心急如焚。尽管经济因素会促使大户积极、主动地去抗旱，但同样缺水、缺人、缺设备，还是让其损失惨重。邵东县种粮大户罗凯运今年种了700多亩水稻，眼睁睁看着抽穗的禾苗因旱大片枯萎，面临绝收，全家人辛苦一年不说，还得倒贴40多万元。

如何助大户有效抗旱降低损失的同时，充分调动散户的抗旱积极性，值得相关部门认真思考对策。

2013年大旱虽已过去，但如何尽快补齐抗旱"短板"的思考才刚刚开始。

（引自刘勇、柳德新、唐爱平、周月桂《湖南日报》，2013年9月3日）

# 第八章 促进城乡金融合作：破解"投资融资"难题

## 一、各路资本青睐现代农业

农村是个广阔的天地。特别是随着现代农业发展，需要更多的资金投向规模化、专业化和标准化农业生产，如土地基础设施建设、生产机械设备添置、土地租金、购买农资、支付员工工资等。有研究指出，我国农村金融市场极为广阔，覆盖 6.3 亿农村人口和日益增长的中小企业，地域涉及 4 万个乡镇和大约 40 万个村。自 2007 年开始，我国农村金融领域总资产以 10%～20%的比例增长，是除了政策性银行之外的所有类型的金融机构实际增长率最高的。未来几年，在国家"三农"政策的支持下，在城乡一体化和金融创新进程中，农民创业和农村中小企业发展将喷发出更大的金融服务需求。

正是这一巨大的农村金融市场需求吸引了包括外资银行在内的各类金融机构的激烈争食。近年来，邮储银行、农行在相关政策的鼓励和指引下，正在不断加大农村金融市场的开拓。国有大银行、股份制银行，乃至外资银行正不断通过参股建立村镇银行等形式进入农村金融市场。农业银行于 2001年完成股份制改造上市，特别成立了农村金融事业部。2008 年，各地邮储银行挂牌成立，截至 2011 年 10 月底，邮储银行总资产规模近 4 万亿元，遍布城乡的营业网点 37 000 多个，其中有 24 000 处网店分布在县级以下农村地区。村镇银行是中国农村金融体制改革中涌现的新生事物，短短几年，全国村镇银行规模迅速扩展。巨大的市场潜力也吸引了众多外资银行参与争夺。汇丰银行 2007 年 12 月 13 日在湖北随州曾都成立了中国首个外资村镇银行，成为中国最早也是目前开设网点最多的外资机构。目前汇丰拥有包括5 家村镇支行在内的 12 家村镇银行，遍布湖北、重庆、北京、广东等地，形成了覆盖全国西部、中部、华东、华北的农村金融服务网络。花旗、渣打、东亚银行、澳新银行等都已在中国开设了村镇银行，外资村镇银行遍及华中、华南、西南以及华北地区。可以预见的是，随着国家金融政策对"三农"领域的倾斜，将会有更多金融机构得以进入农村金融市场，该市场的竞争也将日趋激烈，未来农村"蓝海"将成为和城市金融市场一样的"红海"。

与此同时，越来越多的社会投资者也把眼光转向了农业。如高盛2008年斥资2亿～3亿美元，在湖南、福建一带全资收购10多家专业养猪场。德银在2010年注资6 000万美元，获取上海宏博集团养猪场30%的股份。华夏基金上海分公司总经理董黎明在山东老家成立农业科技公司，专门种植有机粮食和蔬菜，目前已拥有两个有机基地，其中山东诸城1 000亩，以种植蔬菜为主；牡丹江500亩，以种植大米为主，一些有机食品已陆续上市。董黎明在新浪微博上写道："如今的农产品市场犹如20世纪90年代中期的股票市场，生产、运输、销售极度分散，典型的散户市场，为炒作提供了便利。在农产品市场中'发展机构投资者'或许是最优的出路。"有日本"赚钱之神"、"华人投资奇才"称号的邱永汉扬言"中国布满赚钱机会"，并投资1 000万美元在安徽开设农场，生产安全及有机农产品，出口日本及主攻内需市场。他解释，由于日本发生大地震，受辐射影响，日本食品出现安全问题，因此决定在安徽省成立"安徽天地人科技农业有限公司"，引进日本先进农业生产技术种植有机蔬果，并以先进方式饲养猪牛。他说："现在中国拥有13亿人口，粮食短缺问题一直存在，未来十年内中国人均消费力将上升20%，当中有两成消费于食品，内地对猪肉需求更是有增无减。"

## 二、融资难仍是困扰"三农"的顽疾

尽管金融机构和社会资本开始热衷农业，但在风生水起的表面风光下，农村融资难、贷款贵的问题仍然是困扰现代农业发展的"顽疾"。巨大的市场潜力背后是残酷的现实。风险大、业务成本高、收益低是各家农村金融机构投资"三农"市场普遍尝到的"苦"。

### (一)农村金融业务风险控制难、风险高

农村金融业务很多是服务于农村农业生产，而农业生产则面临着自然因素和市场因素双重风险。在农业保险体系不健全的情况下，农业生产贷款损失经常最后成为金融机构难以追回的损失。农民信用意识薄弱也严重影响了农村金融业务的资产质量。人民银行数据显示，目前我国有1.3亿农户建立

起了信用档案，对 8 000 多个农户进行了信用评级。但这与我国超过 6.3 亿农民的庞大数量相比其差距可想而知。缺乏有效抵押担保物也是业务风险高的一个重要原因。

## （二）业务经营成本高

农村地域广阔，农户分散，交通不便，金融基础设施落后，加上农民现代电子金融意识薄弱，诸如 ATM、电子银行所需的网络设施建设落后等，导致农村金融业务经营成本远远高于城市地区。调查显示，农村金融机构网点的人均存贷款、单笔业务额度远低于城市地区，因此其运营成本相对较高。

## （三）农村贷款经济效益差

由于业务风险大、经营成本高，单笔业务金额低、业务手续繁琐等原因，导致农村金融业务的收益相对较低，欠发达农村地区金融机构甚至出现成本收益倒挂，长期处于亏损状态，进而导致农村金融发展缓慢。银监会数据显示，2010 年全国农户贷款仅 2.6 万亿元，占全部贷款总额的 5.1％，且主要是农业产业化龙头企业贷款。小农户因经济规模小、季节性强、盈利低、资金周转时间长、风险大，各金融机构一般不愿放贷，而农民的需求意愿也不旺盛，从而导致供需双冷。

更为严重的是，不仅农村的贷款额度小，而且还存在涉农资金严重流失的问题。即：农村资金非农化。主要通过三个渠道：一是农业银行的资金流出，在我国的四大国有商业银行中，农业银行的效率、资产规模、资本充足率均极为低下，而且四大银行都有数额巨大的不良资产，如何在国内站住脚跟，获取稳定充裕的资金来源，从而实现稳步发展，必然要求农业银行向纯商业性、盈利性转移，向资金回报较高、利用效率较高的城镇转移。二是农村信用合作社资金流出，农信社是目前农村的主要金融机构，既有国家的政策性、合作性的功能，又有追求自身利益的根本目的。这种多元化的目标，对农信社造成多方面的限制，农村信用社也在强调资金的集中使用，往往也把吸收的农村资金上存到县级以上机构。三是邮政储蓄资金的流出，在农村的金融机构中，邮政储蓄只吸收农村资金而不发放贷款，吸收的资金统统上划到地市级以上机构，然后转存人民银行获得利息收入；正是由于这种上存中国人民银行的做法导致大量的农业资金外流，转移到了城市，直接导致农村资金不能满足农业和农村经济的发展。

### (四) 农村权益融资占比很小

由于我国农村合作经济组织发育滞后，政策不完善，无论是集体经济组织，还是农户家庭经济组织，收入都很低、没有多余的资金用于投资，因此，目前我国农村能提供的权益资金仅仅占融资总额的很小一部分。经济较发达地区如广东省，权益资金占融资总额的比例可达 50% 左右，其他大部分省区，权益资金均只占到 20% 左右，有的地区甚至更低。这与美国权益融资大约占融资总额的一半以上相比，差距甚远。在美国，由于农业合作社高度发达，农场主大多通过农业合作社来实现权益融资。所有的合作社无论其经营范围有何不同、各社员缴纳股金的方式有何差异，由社员股金形成的权益融资部分，大约都占到融资总额的一半以上。也就是说，美国农业生产的资金 50% 以上靠合作社自身融资解决，只有不到 50% 靠贷款解决。这样的权益资本比例，较为符合资本结构理论中关于权益、负债资本比例的一般要求，对降低合作社的融资风险十分有利，而我国目前的权益融资比例过低，进一步给贷款增加了压力。

### 三、农业融资难的原因分析

导致我国农村金融市场疲软、三农"融资难""融资贵"问题的根本原因，主要有以下几点：

### (一) 农村金融体制、机制改革滞后，政府扶持政策目标模糊，难以满足农村资金需求

目前我国农村以家庭联产承包为主要经营形式，导致生产规模小、可用于贷款抵押担保的资产少，抵御自然风险能力差。农村集体经济基础薄弱，缺少产业支撑，负债能力低。而我国农民由于受长期二元经济的影响，人均占有和可支配的资源少，个人的法制观念、信用意识和综合素质相对较低，所获得的金融支持自然有限。另一方面，贷款机构由于缺乏政府强有力的支持，其对农村放贷的动力也明显不足。现有的农村金融机构，无论是在机构设置，还是在经营理念、信贷产品、服务手段创新等方面均不能适应农村农业发展需要。如国有政策性银行——中国农业发展银行，由于体制、机制落后，难以发挥农村金融骨干作用。而国内大型股份制商业银行由于受利益驱

动，大量原来在农村的机构纷纷撤销，涉农业务占比不断下降。农村集体合作金融组织——农村信用社，虽投放力度逐年加大，扩大了支农辐射与覆盖面，成为事实上的支农主力军，但杯水车薪，"一社"难支"三农"。农村信用社作为合作性质的金融组织，受我国各个时期经济体制变革的影响，一直没有成为真正的合作制，存在着经营规模小、抗风险能力弱、历史包袱沉重等问题，难以承担农村金融重任。邮政储蓄银行定位不清楚，服务功能不完善，难以发挥应有的作用。其他如农业合作银行、村镇银行，由于机制不健全、规模小，抗风险能力还比较差。

## （二）农村金融立法相对滞后

截至目前，我国还没有制定专门的农业政策性银行法，现有的《商业银行法》和《贷款通则》没有专门考虑我国农业、农村和农民的特点，而农村信用合作社大都诞生于 20 世纪 50 年代，至今也没有制定农村合作金融的法律、法规；相关抵押、担保法也没有认真考虑我国农村人均支配的社会资源少、农民人均收入长期较低等实际情况。

而发达国家的相关法律法规比较健全。如美国经过较长时间的发展，已经走上了依法治农的道路，以法律形式确保农业投入的数量，把对农业的支持纳入法制轨道。除了有完善的《农业法》外，美国从 1933 年制定《农业调整法》开始，还陆续制定了多项法规，如《美国联邦农业完善和改革法》、《农业贷款法》、《农业信贷法》、《中间信贷法》、《农场贷款法》、《农作物贷款法》、《农场抵押贷款法》、《取消农场抵押赎回权法》等，这些法律法规和《农业法》一起规范了政府对农业的支持行为。它们具体规定了美国政府支农力度，比如拿出一定比例扶持农业。为了实现这一目标，配套了相应的目标价格、差额补贴、贷款率、无追索权贷款、休耕补贴和灾害补贴等投资手段。这些投资手段虽然不是强制性的，但它以农业生产者为目标受益人，为农场主融资提供了坚强的后盾。

美国 1916 年国会就通过了《联邦农业信贷法》，成立了联邦土地银行；1923 年国会又通过《农业信贷法》，成立联邦中介信贷银行；1933 年通过《农业信贷法》，成立了合作社银行。这三类银行与生产信贷协会共同形成了美国农业信贷体系，为农业信贷提供完善的服务。12 个联邦土地银行及地方上的联邦土地协会，主要提供长期不动产抵押贷款；12 家联邦中介信贷银行主要负责向 400 多家地方生产信贷协会提供信贷资金，以生产和销售的中、短期贷款为主；12 家生产信贷公司组成的信贷协会向农场主提供生产贷款，并由联邦中介信贷银行提供补贴；14 家合作社银行，负责向各种农业合作社提供设备和生产贷款。由于有完善的金融机构作为支撑，农业贷款的利息通常低于工业贷款利息的 1/3 到 1/2。

此外，美国还制定各种税收优惠政策为内源性融资提供条件。所谓内源融资（Endogenous Finance）是指来源于自身的留存收益（Retained Earnings）、商业信用产生的自发负债、非付现成本的抵税部分、收入的少缴税部分，这几部分的融资数量较小，但融资成本极低，是各生产、经营性组织融资管理的重要内容。美国在个人所得税、财产税、投资税上都对农业和农民规定了特别的优惠政策，农业投资被认为是农场主合法的"避税所"，采取这种合法途径而获得的税收减免，最高可达应税收入的 48%，因而这部分少纳税部分构成了一股庞大的现金流，流回到了合作社内部的各成员的账户中。

由于美国的农业贷款优惠政策，农场主的贷款中 64% 是从政策性的专门银行机构中得到，只有 9% 从商业银行贷款中获得，21% 通过合作社发行债券筹集，剩下 6% 来源于内源性债务融资，以及税收优惠产生的收入少纳税部分的现金流入。正是由于美国政府的特别支持，使农业合作社能够容易获得这部分负债融资，而从负债融资中农场主可以得到较高的每股收益，高的每股收益又可以保证各社员较高的留存收益，从而促进权益融资比例的稳定，极易形成良性循环，这是美国农业之所以保持世界第一地位的重要原因。

## （三）缺少城乡金融合作的有效平台

我国的农村金融工作一直缺乏一个统一协调管理的专门机构，往往是搞金融的不管或不懂农业，搞农业的不管或不懂金融，导致双方的职能和工作相互脱节，资本与企业、科技与生产之间缺乏一个有效对接的平台。一方面，各种城市、工商资本在几近一盘散沙、茫茫大海的农村市场，难以找到成长性好、科技含量高、盈利模式稳定、升值潜力好的农业项目；另一方面，涉农企业尤其是中小企业、家庭农场、种粮大户等农业生产经营主体，在埋头苦干中常常苦于找不到银行贷款和产业投资基金等社会资本，从而制约着现代农业生产经营规模的扩大和持续稳定发展。

## 四、完善农村金融市场调控的对策

目前，我国农村金融面临前所未有的发展机遇。党在认真总结新中国成立半个多世纪以来经济发展和建设经验的基础上，提出了科学发展观，将推动城乡一体化，调整长期形成的二元经济结构作为现阶段改革和发展的攻坚任务，并出台了一系列强农、惠农政策，从而为农村金融的发展提供了良好的政策基础和广阔的空间。十八届三中全会出台的《中共中央关于全面深化改革若干重大问题的决定》指出："保障金融机构农村存款主要用于农业农村。鼓励社会资本投向农村建设，允许企业和社会组织在农村兴办各类事业"，预示着将有越来越多的信贷资源引向"三农"，大量社会资本也会向农业和农村流动。因此我们必须抓住机遇，加快农村金融体制改革，尽快破解"三农"融资难题。

### （一）金融机构加快内部改革创新，尽快建立新型农村金融经营体制机制

农业政策性银行、大型商业银行与农村信用社、中小金融机构之间要建立合作连通机制，拓宽农村金融批发、零售渠道，增强支农功能。其中农业发展银行是政策性支农的主要力量，要优化农业发展服务功能，拓展农行信贷支农领域，稳定提高农业生产能力，着力增加农田水利、道路、土地整治等基础设施和机械化农业生产投入贷款。要增强农发行的筹资功能，改善农村资金投入缺口，甚至可以通过发行农业政策性金融债券，从市场上筹措资金，或通过办理国际金融机构和国际组织转贷业务实现农业筹资。对农业银行、农村信用社（包括农村商业银行、农村合作银行）、邮政储蓄银行等商业性涉农金融机构，要积极探索支持新型农业经营主体的有效形式，创新信贷管理体制，优化信贷管理流程，积极支持新型农业经营主体发展。建议出台实施区别的税收政策、制定支农专项信贷计划等政策措施，引导商业银行下乡，不断创新涉农信贷业务，扩大支农信贷规模。重点支持农村信用社的改革发展。在我国，农信社长期全面承担着种粮直补、农资综合补贴等面向广大农户的国家政策补助资金的发放工作，是农村地区机构网点分布最广、支农服务功能发挥最充分的银行业机构。据银监会统计，目前，农信社发放

的涉农贷款占各银行业机构的三分之一以上，发放的农户贷款占78%，肩负了98.4%和67.7%的金融服务空白乡镇的机构覆盖和服务覆盖任务。但农信社也面临着比其他金融机构更为严峻的一个挑战，那就是吸收存款不足和未能实现跨省业务经营。因此，要重点针对以上两个问题采取相应的对策。转变思想观念和工作方式，有针对性地创新金融产品，综合提升服务便利度。通过扩大网点和服务覆盖面，采取简易营业网点、POS机、ATM机、网上银行、小额支付便民点等支付方式，让金融服务真正进村，走近百姓。

与此同时，建立国家和地方农业投资风险引导基金，引导其他资金进入农业领域。农业投资风险引导基金是国外的一种先进做法，我国农业投资风险引导基金的投资方向必须是农业项目，包括从事粮、棉、油、麻的种植业，或以养殖为主的畜牧业，或从事乡镇工业项目，或从事农产品深加工以及建立在农村基础上的其他产业，但必须和广大农户的生产劳动紧密结合起来。现今比较稳妥的做法是先对农业投资风险引导基金试点后推广，并允许申请在交易所上市。对于农业投资风险引导基金来说，设立此基金的目的在于利用基金的资金优势，集中力量办大事，形成技术实力，走科技兴农道路。将基金投资于农田水利设施建设，保障农业稳产高产；也可以投资于畜牧产品，向农民供应，以市场价收购，建立基金品牌肉类，统一屠宰，形成规模优势，更可以利用基金的优势雇佣低成本劳动力，占领国际市场。

## （二）积极拓宽新型经营主体抵质押担保物范围，提升综合金融服务水平

各涉农金融机构要积极探索破解农村产权抵押难题，针对不同类型、不同经营规模家庭农场等新型农业经营主体的差异化资金需求，提供多样化的融资方案：一是在县级或乡镇成立农村产权流转服务中心，开展宅基地使用权和居民房屋所有权确权颁证工作，用"两证"作为贷款抵押物。二是将流转土地经营权设定为"他项权利"，家庭农场在注册登记时，由工商或农业主管部门发放《他项权利证》，金融机构允许家庭农场凭《他项权利证》做抵押，进行贷款。三是用农机具、农业设施、存货抵押、大额订单质押、土地收益保证贷款等。当然，为了减少银行贷款风险，还必须建立"三农"信贷风险准备和补偿机制（可由国家、地方政府、企业、农民共同出资），创

新"三农"融资担保方式。包括开展家庭农场信用等级评定，对信用等级高的家庭农场给予一定的授信额度，并给予利率优惠，同时政府进行贴息。加强涉农信贷与保险协作配合，创新符合农村特点的抵（质）押担保方式和融资工具，建立多层次、多形式的农业信用担保体系。

**（三）建立促进城乡金融合作的协调机构，强力推进金融部门和社会资本投向"三农"**

针对目前金融部门与农业部门职能不明和工作脱节的现状，建议借鉴海南省的经验，在各级农业部门创新设立农业投融资服务局（处），搭建金融服务"三农"的全新平台。该机构主要职责：一是贯彻和执行国家有关农业金融的法律、法规、政策，协助财政、金融等部门草拟促进农业经济发展的有关财政、金融的政策和中长期规划与工作计划，指导农民专业合作社、涉农企业、家庭农场等新型经营主体运用金融资本发展现代农业等工作。二是成立融资性担保公司或在现有融资性担保公司中拿出专项额度，为新型经营主体提供贷款担保服务。三是协助金融机构做好农业金融服务的季度统计工作，密切关注主要农产品生产经营形势、供需情况、市场价格变化等，防范信贷风险。四是按照《中共中央关于全面深化改革若干重大问题的决定》中关于"鼓励社会资本投向农村建设，允许企业和社会组织在农村兴办各类事业"的要求，在不改变流转土地农业用途的前提下，鼓励社会资本特别是有经验、有技术的大公司和农业产业化龙头企业，携带专业化的团队、技术和管理涉足家庭农场生产经营，提升家庭农场的规模化、现代化经营水平。同时，鼓励企业和社会组织采取投资筹资、捐款捐物、人才和技术支持等方式在农村兴办医疗卫生、教育培训、社会福利、社会服务、文化旅游体育等各类事业，按规定享受税收优惠、管护费用补助等政策。落实公益性捐赠农村公益事业项目支出所得税前扣除政策。通过 BOT、TOT、BT 等融资模式，引导更多信贷资源支持农业水利等基础设施建设。

农业投融资服务处要通过各种方式大力组织开展各种涉农招商引资活动。如北京市连续 5 年由北京艾格农业咨询有限公司承办现代农业投融资洽谈会，取得显著成效，不仅吸引了以新希望、中粮、河南众品、雏鹰农牧、永业集团、华奥物种、天兆畜牧、光友薯业等为代表的国内优秀农业企业，也得到了大批享誉海内外的金融投融资机构的支持，其中包括：高盛、软银、联想控股、中国农业银行、澳新银行、荷兰合作银行、德意志银行、中国国际金融公司、美国泰山投资、金石农投、同创伟业、达晨创投、中信证券等。长沙市政府从 2008 年开始，连续 6 年举办现代农业发展投资洽谈会，取得了显著成效。2013 年吸引了包括世界 500 强在湘投资企业、央企、知名地产投资商、全国农业产业化重点龙头企业、全国涉农上市公司，以及港澳台大型涉农投资机构在内的 230 多家单位、共 400 多客商参会。33 个农业项目共获投资 253 亿元，融资金额是开展该活动以前 2007 年的 6 倍。

**（四）加快农村金融立法，为"三农"融资提供稳定的制度保障**

鉴于现行法律制度在农村产权抵押担保上的制约作用，需要尽快对《物权法》、《担保法》等进行论证、修改，推动农村产权改革，如：取消或者适当放宽对农村承包经营用地、宅基地的抵押限制，提高农村产权的流动性，建立农村产权市场，实现农村各类产权效用的最大化。同时，进一步完善《土地管理法》、《农村土地承包法》，健全农村土地产权登记、流转制度，明确土地权属，建立科学的土地承包经营权抵押、流转、处置的具体操作程序等。

**延伸阅读**
YANSHEN YUEDU

## 长沙市举办农业专题招商洽谈会　现场吸金 253.49 亿元

长沙 11 月 4 日讯（记者　廖洁）"孩子们不出岳麓，就可以享受从学前教育到高等教育'一条龙'的优质教育服务。"11 月 4 日，在长沙市小城市（中心镇）建设暨现代农业发展投资洽谈会现场，和其他八位区县负责人一样，长沙市岳麓区区长施展浑身解数，向各大投资商推介长沙和自己所在的区县。

最终，湖南浔龙河景观生态园、雅居乐生态温泉城项目等 33 个项目在洽谈会现场顺利签约，合同签约金额达 253.49 亿元，全部为投资过亿元的项目。

相关负责人介绍，在本次洽谈会上，长沙市共推出了 80 个投资项目，其中小城市（中心镇）项目 17 个，现代农业综合开发项目 12 个，休闲观光农业项目 25 个，特色种养业项目 11 个，农产品加工及物流项目 15 个，总投资额达 913 亿元。

这些项目都经过了精心筛选和科学论证，并经国土、环保、规划等相关部门审查通过，项目符合长沙"十二五"规划的发展方向，投资前景看好，预期回报丰厚。

包括世界 500 强在湘投资企业、国内大型央企、知名地产投资商、全国农业产业化重点龙头企业、全国涉农上市公司，以及港、澳、台大型涉农投资机构在内的 230 多家单位，共 400 多客商参加了本次洽谈会。

这是长沙市连续举办的第六届大型农业专题招商活动，旨在为国内知名财团、投资主体、金融资本提供一个投资展示、项目推介、合作洽谈的平台，吸引各类资本投资长沙市现代农业、小城镇建设领域，助推长沙农村经济发展，加速推进城乡一体化进程。湖南省人大常委会副主任徐明华，省政协副主席张大方出席今天的推介会。

（引自红网，2013 年 11 月 4 日）

# 第九章　加强农业政策保险：破解 "风险化解" 难题

## 一、农业是天生的高风险产业

农业是国民经济的基础产业，在经济社会的发展过程中具有非常重要的作用。但农业天生是一个高风险产业，其高风险的原因主要在于：

### (一) 农业的高风险源于其天生是一个弱质产业

由于农业是露天生产，靠天吃饭的局面还无法从根本上解决，必然遭遇旱灾、水灾和病虫灾害等自然灾害的威胁。据资料记载，从公元 206 年到 1949 年的 2 155 年间，中国发生大水灾的次数 1 092 次，较大旱灾的次数 1 056 次，几近年年成灾。近年来，由于人类经济活动等种种原因，全球气候变化的不确定性增强，灾害性极端天气增多。我国每年因自然灾害造成的粮食损失达 5 000 万吨左右，为粮食总产的 10% 左右。其中因病虫生物灾害损失粮食 2 500 多万吨，占各种自然灾害造成损失的 50% 以上。其次是旱灾，其损失额约占粮食总损失量的 30%。老天爷稍微变个脸，地球上就会有成千上万的人面临饥荒甚至饿死。随着大江大河的治理，水灾发生的几率相对变小，但仍是农业面临的主要风险。

### (二) 受供求关系和人为炒作的影响，农业生产还经常面临 "粮食卖难" 的市场风险

如 2012 年、2013 年，湖南省受过量进口大米的冲击，加上 "镉米事件" 的影响，连续两年农民的稻谷销售严重受挫，竟出现了晚稻价格低于早稻的怪现象。往年同期 "抢粮" 现象已不再，粮食收购的主体由往年的中储粮下属的粮食直属库、地方国有粮食企业、农业产业化龙头企业和民营企业、外地储备粮企业和农村经纪人五大类竞相抢购，一下子变为相对单一的中储粮公司所属企业及所委托库点单方面被动收购。而中储粮公司所属企业受收购任务指标的制约，一旦完成收购就不愿再多收稻谷，致使市场上的

稻、米价格倒挂，使大量稻米加工企业购销处于停产或半停产状态，整个2012年下半年和2013年全年，湖南、江西等地的粮食行业基本处于亏损状态，甚至加工得越多，赔得越多，只能坐等观望，静观其变。例如，祁阳县一个叫邓东胜的全国种粮大户2012年售粮1 500吨，因粮价下跌影响，种粮收益比上年减少30多万元。

### （三）从事规模生产和社会化服务的家庭农场等组织面临的风险更大

以家庭为单位的传统的小规模农业生产方式，在未出现大灾时，小规模农业生产还可以将风险充分分散，因此风险单位很小，农户可以风险自留，无需加入农业保险。当出现大灾时，就会发生大面积的区域性受灾损失，出现风险集中，此时，保险公司也无力补偿，一般只能靠政府救济解决。这是我国长期以来农业生产的实际情况，在一定程度上这其实也是在中华五千年文明史上，真正意义上的保险并未占据重要位置的主要原因。

而实施规模经营后，种植大户、农业合作社和家庭农场主等新型农业生产经营主体对农业保险产生了更为迫切的需求和较高的农业保险支付意愿。因为其经营的土地面积大，动辄上百亩甚至成千上万亩，物化成本与经营管理以及人力成本都很高，即使不出现大灾，而出现局部受灾，其损失也可能造成巨大冲击。因此，土地流转后形成的规模农业生产主体都将无一例外地迫切需要农业保险。据笔者对湖南部分农村的调查研究表明，规模农业生产主体对农业保险的支付意愿是家庭生产的小农支付意愿的2～3倍。

此外，从事农业社会化服务的组织面临的各种风险也是很大的。如从事水稻病虫害防治服务的湖南长沙某公司，2011年在长沙市的宁乡县等地承包几万亩晚稻，其中有1万多亩晚稻在已打2次农药的条件下，因天气、作物品种、土壤肥力等原因致使稻飞虱等病虫害发生反弹，不得不增加打1次农药，仅此一项，公司就多支出20多万元；同年8月，该公司1名机手在为农户稻田施药时，突发心脏病，送医院抢救无效死亡，公司本着农村社会稳定和人道主义精神给予死者家属30多万元补偿，又无端增加了费用；还有农民单方面毁约，拒交或拖欠统防统治组织服务费的风险，等等。

## 二、化解农业高风险需要农业保险支持

农业面临高风险，最有效的应对途径是发展农业保险，这是减轻农业灾

害损失、稳定农业生产、保障粮食安全的重要举措。必须把防范风险列为扶持家庭农场、专业大户和农民合作社发展的重要一环。同时，帮助制定针对性强的抗灾减灾技术指导方案，依靠科学技术防灾避灾减灾。但是，发展农业保险，必须要有政府财政补贴支持，否则，没有哪家保险公司会做亏本的买卖。这主要基于四个方面的原因：

### （一）对农业保险补贴是由农业保险产品的特殊性决定的

由于自然灾害频繁，特别是系统性风险的存在，农业特别是粮食生产的风险损失率较高。同时，农业保险标的的单位价值较低且面积广袤，投保农户相当分散，保险管理费用率相当高。而损失率和费用率是厘定保险费率即保险价格的主要依据，这必然造成农业保险价格昂贵（一般占保值的 2%～15%），是一般家庭财产和企业财产保险价格（约占保值的 0.4%～1%）的5～15 倍，甚至更高。而农业保险的买方又是支付能力有限的农民，其纯收入不及城镇居民可支配收入的 1/3。毫无疑问，以保险公司不亏本的价格出售的农业保险产品，对农民消费者来说就是奢侈品，向农民推销农业保险就如同向尚未完全解决温饱问题的农民推销名牌护肤品。这是美国、加拿大保险商在 100 年前退出农业保险的商业化经营的重要原因之一，也是我国农业保险试验在 2004 年以前的 20 多年逐渐萎缩的症结所在。

此外，在我国迅速城市化的背景下，小规模经营农业在农户收入中的地位已经大大降低，农业保险所提供的低保障对农户更加没有吸引力。也就是说，如果政府不出手，特别是不使用公共财政手段支持农业保险，就不可能调动保险公司参与供给的积极性，也不可能帮助农民提高有效需求，这就决定了不可能有全面的、有战略意义的农业保险市场。因为，在保险产品市场均衡的平面图上，供给曲线在上，需求曲线在下，两者不可能相交。有了补贴，保险公司可以将临界价格降低，供给曲线可以向下移动。同时，农户的实际支付能力提高了，需求曲线可以向上移动，供给曲线和需求曲线就可能相交。因此，在这个市场上，财政补贴就成为重要的市场因素，没有补贴就不可能有市场。在没有补贴的情况下，保险公司必定亏损，而农民也会放弃购买保险。因为对多数农民来说，几千年种庄稼、养畜禽不就是靠天吃饭嘛，保险不保险，不都是这样走过来了吗？从而导致供给和需求双方积极性都不高。这是我国农业保险面临困境的根本原因。

### （二）对农业保险补贴是实施国家粮食安全战略的需要

对于政府来说，财政补贴不是目的，通过财政补贴调动农户参加农业保险的积极性，促使农户用现代风险管理方法管理农业，充分保障国家粮食安全才是目的。但就农户来讲，有足够的理由和动机听天由命和靠天吃饭，即使是贫困地区的农户，如果仅仅解决农户自己的粮食自给不投保也没有多大问题。在富裕的东部地区，有太多赚钱途径的农户，很多已经将种田看成是一种负担，甚至可以将承包的田地以极低的租金出租给来自贫困地区的农民耕种。笔者在调查时，有的农民说得很到位："田都不愿意种，还买什么农业保险"。因为农户可以选择自给性生产，也可选择打工赚钱买粮食。但是，站在更高层面也就是站在国家粮食安全的角度来看，国内市场需要粮食和农产品，13亿人口都要吃饭。而国际农产品市场的供给有限，粮食贸易常常成为国际间的政治砝码，这迫使我国政府立足国内解决基本的农产品供给。解决粮食和食物安全，提高农业生产率，需要有多种举措，例如增加科技投入、给农户种粮补贴、农机补贴等，而通过政府补贴建立和发展我国的农业保险制度，帮助农户积极进行防灾防损，并在遭灾受损时及时予以补偿，使农业再生产不至于因为灾害而中断或者在缩小的规模上进行，这样农业保险制度就为农业生产编织了一张安全保障网。中国政府绝对需要这张在很多国家被证明有效的安全网。

### （三）对农业保险补贴是工业反哺农业的一个重要途径和手段

经济学家们早就论证了，我国已经到了工业反哺农业、城市反哺农村的历史阶段。反哺农业和农村的途径很多，建立农业保险保障和农村社会保障制度，承担部分成本无疑是这个反哺的途径之一。政府无论以保费补贴形式、保险公司管理费补贴形式还是再保险费补贴形式，都是属于投保农户的资金。如同公共财政支付的种粮直接补贴一样，是农户的实际收入。

### （四）对农业保险进行补贴是世界各国的通行做法

据世界银行新近出版的《政府支持的农业保险——对发展中国家的挑战和选择》一书显示的数据，2008年，全球有约104个国家（包括中国）和地区在举办农业保险，其中，有18个国家是在小范围试验。这些举办农业保险的国家中，大部分通过公共财政补贴农业保险，补贴的主要是保费，美国、加拿大、日本、韩国、印度等少数国家还补贴保险公司管理费和再保险费。

## 三、农业政策性保险发展现状和存在问题

我国的农业保险工作自 1982 年开始恢复，到高峰期的 1992 年，农业险保费收入达 8.2 亿元，但赔付率高达 116%，完全是亏本经营。因此，从 1996 年起，农业保险规模逐年萎缩，2001 年农业保险规模跌到 20 多年来的最低谷，农险保费收入仅 3 亿元，占保险业总保费的 0.14%，农业保险密度仅为 0.38 元，农业保险深度仅为 0.02%，全国 2.3 亿农户，户均保费不足 2 元。直到 2006 年才恢复到 8.5 亿元。

2007 年是我国农业保险快速发展的转折点。因为从这一年开始，中央试行了农业保险投保保费补贴政策。据报道，2007—2011 年，中央财政累计拨付农业保险保费补贴资金 262.1 亿元，其中 2011 年为 97.06 亿元，支持力度逐年加大。中国保监会按照"建立多层次体系、多渠道支持、多主体经营的农业保险制度框架"的思路，先后在黑龙江、吉林、上海、新疆、内蒙古、湖南、四川、江苏、辽宁等地，以保障农业和农村经济发展为中心，大胆创新，针对自然灾害风险大、农业保障能力弱的实际，组织筹建了专业性农业保险股份公司、相互制农业保险公司和互助保险组织、商业性农业保险等多种农业保险组织形式，使我国农业保险有了前所未有的飞速发展，为建立具有中国特色的政策性农业保险模式进行了有益探索，为解决"三农"问题探索了新思路和新途径。2007—2012 年，全国保险业承保农作物从 2.3 亿亩增加到 9.7 亿亩，占我国主要农作物播种面积的 40%。一些主产省如黑龙江、安徽的承保覆盖率超过 70%，北京、天津、海南的覆盖率接近 100%。农业保险开办区域覆盖全国所有省（区、市），参保农户 1.83 亿户次。农业保险保费收入从 2007 年的 51.8 亿元增长到 2012 年的 240.1 亿元，年均增速达 36%。自 2008 年起，我国农业保险业务仅次于美国，居世界第二。

但是，我国农业保险仍属于很不成熟的新兴市场，存在的问题主要是：

### （一）供需双方存在"双冷"，农保发展缺乏后劲

目前，我国农业保险运行并不通畅，面临农民参保热情和保险公司承保热情"双冷"的尴尬局面，农业保险的可持续发展令人担忧。如 2011 年全

国水稻保险的平均承保覆盖率不到一半，仅为49％，主要粮油棉作物承保覆盖率仅为40％，覆盖率最高的四川省，2012年水稻、玉米、油菜承保覆盖率分别为96.44％、90.78％和83.2％；2011年全国农业保费收入174.03亿元，仅占财产险业务的3.77％，占财产险公司全部业务的3.64％。究其原因：一是由于对农业保险制度的宣传不力和农民自身观念原因，导致农保需求方的农户参保热情不高。据对湖南省6个村200个农户的抽样调查，了解并乐意参保的农户仅占16％，有些农户甚至认为基层组织代收的农业保险费是乱收费行为，即使每亩稻田农户参保出资仅为2元也不乐意。这种状况与我国长期以来形成的政府临时救助式措施密切相关，因为农户认为，一旦受灾财产受损，政府会出手相救，因此农业保险可有可无。二是从供给方来看，由于农业保险属于"风险高、赔付高、成本高"的行业，保险公司的承保积极性自然也不高。目前，我国农业保险基本上都是由商业保险机构承保运营，政府给予保费补贴，先后有18家财产保险公司进入政策性农业保险经营，其中中国人保财产保险股份有限公司（简称"人保财产"）、中华联合财产保险股份有限公司（简称"中华联合"）、上海安信农业保险股份有限公司（简称"安信"）、安华农业保险股份有限公司（简称"安华"）、黑龙江阳光农业相互保险公司（简称"阳光相互"）、安徽国元农业保险股份有限公司（简称"国元"）等6家保险公司的保费收入占农业保险保费的份额约为97％（2010年）。但这些保险机构目前对开展农业保险工作并不积极。据中国保监会统计，2010年全国农业保险保费收入135.68亿元，而支付农业保险赔款100.69亿元，赔付率高达74.42％，其中，种植业保险赔款68.5亿元，森林保险赔款1.8亿元，养殖业保险赔款30.4亿元。如果计入保险公司运营费用和相关税费，则保险公司经营农业保险业务盈亏基本持平。2013年，我国东北的洪涝灾害和南方的旱灾致使农业保险公司的赔损金额更是分别达到31.21亿元和19.60亿元。其中承保黑龙江省农险的阳光相互和人保财险，前8个月的保费收入为26亿元，农险经营费用率为18％，为4.7亿元，洪灾赔款超过25亿元，仅此一项，两公司合计亏损3.7亿元。一年遭灾，把多年的利润全赔进去了，而且还要动用多年积累的大灾准备金，算上再保险公司赔偿的四五千万元，最终还是亏损的。因此，我国自恢复开办农业保险业务以来，尽管农业保险在一定时期内取得了成绩，但由于农业保险的高成本、高风险、高赔付特点，有效需求不足以支持一个准商业化的农业保险市场。商业保险公司由于担心亏损，更不愿涉足农业保险，农业保险业务量增长缓慢。如果没有中央政府强有力的推动和保监会的支持，农业保险可能还像 2005 年之前一样处于停顿状态。

事实上，据笔者调查，由于农民和保险公司双方获利都不高，导致基层农业保险工作被动应付甚至弄虚作假的现象比较普遍，出现了道德风险和逆选择的问题。如有的地方农业保险费由村干部"全权"代收，交至保险公司后，保险公司再返回一笔钱给村级组织，农民基本不用参与办理投保手续。这一方面替保险公司节约了成本，从而轻易得到中央财政的补贴；另一方面，让基层干部得到一笔"灰色"收入，可谓"一举几得""合作共赢"。据说，这种操作模式已成为全国很多地方公开的"秘密"。虽然已经引起重视，但尚没有有效的方法和措施使其得到很好遏制。

这就是我国当前农业保险的严峻现实！

## （二）农保产品单调、粗放、保额低，不能满足现代农业发展需求

可能是受农业保险曲折波动的历史影响，保险公司对农业保险产品创新的动力严重不足，致使产品单调，仅局限于农业初级生产阶段的保险，不能适应多环节、多方面、多层次的农业保险产品需求，不能针对不同地区特点进行相应的产品设计和创新。当然，由于农业保险的财政补贴是以目录的形式执行的，而农业保险的发展又依赖于财政补贴，这也是造成上述问题的重要制度性原因。

受中央财政补贴政策的制约，目前，农业保险的覆盖农产品品类仅包括水稻、玉米、小麦、油料作物、棉花、马铃薯、青稞、天然橡胶、森林、能繁母猪、奶牛、育肥猪、牦牛、藏系羊、糖料等 15 个品类，而且补贴险种的保险金额严重偏低，仅覆盖直接物化成本（以发展改革委等国家权威部门数据为标准），属于"成本保险"为主，保障程度低。农业保险的险种也不全面。有的只保水灾，有的只保旱灾，有的虽保水灾、旱灾，却对病虫灾害保险不重视等。这和发达国家大多包含了所有农产品的农业保险以及高保费、高补贴相比，还有相当的差距。如美国大部分保险公司为农民实行的是"产量保险"，其保障水平能覆盖农民收入的 60%～70%。随着经济实力的不断增强，为满足农户保险需求，稳定农业生产和农产品市场，需要尽快扩

大补贴标的范围。

此外，补贴方式仍以单纯的保费补贴为主，对经营农业保险的保险公司在经营管理费等方面的补贴非常有限。而西方发达国家对政府成立的农业专业保险公司实行经营管理费用补贴，以减轻其经营费用压力，鼓励其经营农业保险。如美国政府目前承担着联邦农作物保险公司的各项费用（包括农作物保险推广和教育费用），并且向承办政府农作物保险的私营保险公司提供20％～25％的业务费用补贴，并通过免税、提供相应信息等等形式进行支持。政府对农户的保费补贴还可以在确定了投保水平的前提下，直接交付到农业保险的承保机构中，这样可以保证保费补贴能够物尽其用，提高政府资金的效用，既补贴了农户，同时也是对保险公司的补贴。

### （三）农保经营主体发育滞后，农业风险分散机制尚未建立

由于我国农业保险发展时间不长，导致农业保险经营主体发育滞后，农业风险分散机制尚未建立。在农业保险发达国家，无论采取何种模式开展农业保险，其经营组织形式多种多样，最主要的有政策性农业保险公司、专业性农业保险公司、相互保险公司、商业性保险公司以及由农民自己组成的保险合作组织。但在我国20多年的农业保险实践中，主要由商业性保险公司来经营农业保险业务。而农业保险政策性、专业性极强，加上我国地域辽阔，各地地理状况、气候条件复杂多变，客观上需要多种组织形式来对农业保险进行尝试，最终确定适合我国国情的农业保险经营主体。

农业风险由于其时间和空间的高度相关性，一旦发生可能会在短时间内跨越几个县甚至几个省的保险对象同时发生灾害事故，遭受巨灾损失。这使得保险公司不能通过集合大量标的来分散农业风险，保险公司承保的标的越多，风险越集中，保险人的经营风险越大。因此各国在开展农业保险时都建立有效的农业风险分散机制，通过再保险或农业风险基金等形式来分散农业保险经营者的风险。但我国还未建立农业保险再保险制度，也没有相应的再保险机构。在农业风险分散机制缺失的情况下，一旦遇到巨额风险或巨灾风险事故发生，保险人只能自己承担全部承保责任，导致保险公司经营风险增大，出现巨额亏损，从而影响保险公司承保能力的扩大和经营稳定性，甚至造成经营农业保险的保险公司破产。建立一个统一的巨灾风险分散机制，将各类巨灾纳入考虑范围，才有条件在框架基础上对农业保险进行讨论。与之

配套地建立一套风险管理体系，对巨灾风险建立风险防范，完善基础设施建设工作。

### （四）政府主导和推动力度不大，监管服务滞后

长期以来，我国政府在农业保险中的主导和推动职能不明确，作用不能充分发挥。农业保险具有政策性，客观上要求政府参与并在农业保险中起主导作用。从国外农业保险发展实践看，政府在开展农业保险中应有的职能和作用，通常是以法律的形式加以明确。但我国由于农业保险法律的滞后，政府应在农业保险发展中发挥什么样的作用以及如何发挥作用等一直没有明确，虽然《农业保险条例》已经于2013年3月1日起正式实施，但在这方面的规定仍然不明确。这增加了政府支持农业保险的随意性，影响了政府在农业保险发展中主体作用的发挥，更直接制约了农业保险的发展。加上目前农业保险保费补贴政策实行中央财政、省级财政、地市级财政（未实行省管县财政体制的地市级）和县级财政共同分担机制，且要求地方财政的配套补贴比例达25％～40％，这对地方财政而言是一笔不小的支出，在财力较薄弱的地方、特别是高度依赖上级财政转移支付的地方，其配套的意愿和主动性并不强。在中央政府强调"农民自愿参保原则"下，地方政府更是被动应对，少数地方政府甚至是应付农业保险，在农业保险推广上态度并不积极，以至于许多农户不知道农业保险的作用和功能，这是农业保险中央政府"一头热"的主要原因。

此外，政府对农业保险的监管服务滞后，保险公司面对众多小规模分散经营的种养业农户，承保展业难、灾后勘察定损难、灾后理赔难，经营成本高，可持续发展难度大。对这些问题，各级政府提供的支持帮助不大。2006年，国务院国发〔2006〕23号文件曾明确提出：发挥农业部门在推动农业保险立法、引导农民投保、协调各方关系、促进农业保险发展等方面的作用。但由于种种原因，这一要求并未落到实处。从国外经验和农业保险的实践看，农业部门最适宜承担政策性农业保险的组织推动工作。农业保险的对象是有生命的动植物，农作物的病虫害防治、饲养动物的疫病防控，以及种养业灾后勘察定损，都离不开农业技术部门的参与和支持。保险公司开展农业保险业务主要在农村、在基层，面对的是众多分散的小规模经营农户，需要利用政府部门在农村现有的组织体系展业。农业部门熟悉农业、了解农

民，工作重点在基层农村。由农业部门负责组织推动工作，可实现技术服务与政策性农业保险相互协调、共同发展。但目前由农业部门负责组织推动、财政部门负责政府补贴资金使用的监管、保险监督管理部门对农业保险公司的经营依法监管的操作模式还不适应农业保险工作发展的需要。农业部门基本没有从事农业保险工作的专门机构和人员，绝大多数为兼职挂靠。这是我国农业保险工作发展缓慢的一个重要原因。

## 四、完善农业政策性保险的对策

我国是农业大国，又是发展中国家，所以农业保险有必要借鉴国外成功经验，结合现实发展情况，加快建立和完善适应中国的现代农业保险制度体系。

### （一）建立有利于促进农业保险创新的财政补贴制度

在过去 10 年中，财政补贴是促进农业保险发展的主要动力。在今后，要适应农业生产方式规模化、产业化、现代化的特征，仍然要用好财政补贴这个杠杆，撬动农业保险的创新。一是要适当提高对投保农户的保费补贴，提高保险参与率。补贴保费可以有效唤起潜在需求，而且国外很多农业保险发达国家也多采用这种补贴方式。如美国对不同险种给予不同比例保费的补贴政策，日本保费补贴比例则依费率不同而高低有别。在城乡差别还较大的我国，政府根据不同地区农业的具体情况和政府的财政能力，提供不同比例的保险费补贴，可以有效调动农户参保的积极性。二是要对政府成立的农业专业保险公司实行经营管理费用补贴，以减轻其经营费用压力，鼓励其经营农业保险。当前可考虑在农业发展银行基础上组建农业保险公司（农业发展银行因粮食流通体制改革，其业务已严重萎缩），在各省、自治区、直辖市农业发展银行基础上建立相应的分支机构，具体业务由县农业保险支公司（县级农业发展银行）负责办理。农业保险基金以政府财政补贴和农户投保保费构成，并对农业保险公司的经营管理费用和保险费给予财政补贴，以及实行免税待遇。在保险费政府补贴的分摊上，可借鉴义务教育经费的分摊机制，对经济欠发达地区和产粮大省，中央财政承担更多的保费补贴责任，一般不要求地市级财政和县级财政配套补贴；对经济发达省份，地方政府承担更多的保费责任。三是要在现行的目录式农业保险财政补贴制度的基础上，增加创新性农业保险产品财政补贴申报、审议制度。这样会从根本上促进保险公司针对特定情况设计保险产品，更好地满足农业规模化、产业化、现代化进程中出现的新的农业保险需求。

## （二）通过非补贴措施提高农业保险覆盖率

世界上农业保险运行比较成功的国家，投保都存在一定的强制性。一方面，通过强制投保能够在足够大的领域内分摊风险，避免逆向选择，降低农业保险费率；另一方面，通过适度强制投保，可以减少保险公司经营农业保险的费用支出。这两个方面都有利于降低财政补贴成本。美国从1939—1993年的50多年里，虽然政府提供了大量补贴，但农作物保险的覆盖率却一直停留在较低水平。只有在1994年政府采取有条件的强制措施和经济手段后，才使农作物保险的覆盖率进一步提高。1994年美国国会和克林顿政府颁布实施了《1994年农作物保险改革法》，通过了著名的"三大保险"（即巨灾风险保险、多重风险保险和团体风险保险）和"一个保障"（即对不可保农作物实施非保险农作物灾害援助，以体现公平）计划，并于1996年在农业部成立风险管理局，负责全国农作物保险的政策制定、经营管理以及各项计划的实施，要求按区域、按团体实施投保等，取得了很好的效果。因此，我国在适度补贴农业保险的同时，也应采取强制性、区域性投保措施，以增加我国农业保险的有效需求，保证必要的覆盖率。同时还要采取配套的经济措施来推进。如建立农业信贷和农业保险的联动机制，在初期阶段，可对参加农业保险的农户在贷款额度和利率等方面给予一定的优惠，鼓励农民参加农业保险。待条件成熟时，进一步将是否参加农业保险作为贷款发放的条件之一。还可将农业保险与各种农业直补政策挂钩，不购买政策性农业保险就不能获得政府的其他补贴等，以此提高农业保险的覆盖率。

## （三）建立巨灾风险分散机制

以国家、省（地级市）、保险公司三级保障为基础，建立分层次的巨灾风险分散机制。在目前各公司提取大灾基金的基础上，中央、省财政投入配套资金建立大灾准备基金，并根据灾害程度实施分级补偿。同时，或将考虑发展保险风险证券化和超额再保险等业务，充实完善巨灾制度。

此外，我国农业保险公司起步晚、基础设施薄弱，国家和各省应给予必要的基础设施建设投资和信贷优惠，提供低息、无息、贴息贷款。国家应从粮食调入省份收缴一部分财政费用，作为农业保险基金，保证粮食主产区农业的稳步发展。

## （四）农保公司加强自身产品创新

为了适应城镇化中出现的全面农业保险需求，特别是满足种植大户、农业合作社、家庭农场主、特色农业产业、本地农业龙头企业、新型农业休闲旅游业等新主体的农业保险需求，农业保险公司需要对现有的农业保险产品和服务进行全面的升级和创新。着力实现"三个转变"：即从"物化成本"保障向"农产品价值"保障转变，从事后的损失补偿向农业综合防灾减损服务转变，从"农业保险"向"涉农保险"转变。尤其要打破农业保险只是保障农业耕、种、养、收等初级生产的保险的观点，着力研究价值保障型农业保险产品以及区域特色农产品保险、规模生产型农业保险、农业产业工人意外团体险、新型农业企业年金产品险、涉外农业产品责任险、新型农村旅游休闲业相关责任险等新型农业险的设计和定价等，以期形成覆盖农业产业全链条的风险保障产品的谱系，从初级的种、养到中间的加工到终端销售乃至产业的外延，以适应城镇化中农业产业化、专业化、社会化的全面风险保障要求。

## （五）加快农业保险专门机构和专业人才队伍建设

人才是推动事业发展的根本保障。建议在各级农业行政主管部门加快设立农业风险管理局（处），专门负责贯彻和执行国家有关农业保险的法律、法规、政策，协助财政、金融、保险等部门草拟促进农业经济发展的有关财政、金融、保险的政策和中长期规划与工作计划，指导农民专业合作社、涉农企业、家庭农场等新型经营主体做好农业防灾减灾保险工作，建立农业部门与农业保险公司之间紧密的合作关系，协助其开展政策性农业保险工作。也可将该机构并入农业投融资服务局（处）。同时，要着力解决保险公司专业理赔人员少的问题，推动保险公司加强人员配置和知识培训。根据业务发展的需要配备必需的工作人员，新增工作人员不但要掌握农业保险专业知识，还要了解、掌握种养业基本知识和技术，以保证各项工作的正常开展。

# 第十章　优化农业市场调控：破解"粮食销售"难题

## 一、一手抓生产，一手抓调控

党中央、国务院历来高度重视农产品市场调控工作，近年来在价格、税收、储备和进出口等方面出台的一系列政策措施，对于促进我国农产品市场稳定运行、生产健康发展和保障有效供给发挥了重要作用。但少数地区个别农产品价格大起大落波及全国的现象仍时有发生，农民"卖粮难"、"卖菜难"和市民"买菜贵"现象依然形成鲜明对比，棉花、糖料价格忽高忽低，"蒜你狠"、"姜你军"、"豆你玩"等相继来袭，按下葫芦浮起瓢，过山车式的农产品价格让管理者心急、生产者心虚、消费者心焦，这表明农产品市场调控水平还需要提高，驾驭市场经济的能力还需要增强。2013 年中央 1 号文件明确提出要完善农产品市场调控，这是中央基于我国经济社会发展新情况和解决"三农"问题新要求作出的战略决策，必须科学把握农产品市场调控的阶段性特征，厘清事关调控目标及手段机制化建设的基本认识问题，勇于在调控政策设计上迈出崭新步伐。

农产品市场一头连着农民收入，一头连着市民生计，可以说是统筹城乡经济社会发展的一块"跷跷板"。近几年，关于农产品价格影响居民消费价格指数多一些，还是居民消费价格指数影响农产品价格多一些的争论不绝于耳。我国作为发展中国家，居民消费恩格尔系数较高，因而居民消费价格总水平中食品价格的权重高，一旦农产品价格涨幅大，就直接表现为居民消费价格指数的提高，这很容易让人们理解为农产品涨价是通货膨胀的直接推手。尽管很多研究已经表明，农产品涨价只是通货膨胀的一种表现而非原因，但不管怎么说，完善农产品市场调控，减少农产品市场剧烈波动，对于支撑整个国民经济健康发展、管理好通货膨胀预期的意义是不言而喻的。

随着传统农业向现代农业发展、工业化和城镇化快速推进，不少发达国家都经历过农产品供给由短缺向过剩、农产品市场由剧烈波动向平稳运行的历史阶段。美国、欧洲和日本、韩国先后在 20 世纪 30 年代、60 年代、80 年代遭遇了农产品特别是鲜活农产品市场剧烈波动引发的一系列社会问题，进而迫使他们进行系统设计和政策创新，在农产品市场调控机制和法制建设上迈出了历史性步伐，并成为这些年来稳定农产品市场经久不衰的利器。但是，在这个大背景下，我国很多鲜活农产品在缺乏市场调控的情况下"裸生产"，根本谈不上与全球农产品同台竞争。因此，牢牢把握我国促进工业化、信息化、城镇化、农业现代化同步发展的重要时点，在战略层面深化对农产品市场调控的认识，大胆创新农产品市场调控办法，对于发展现代农业、健全重要农产品供给保障机制、促进整个国民经济健康发展都是一项紧迫而重要的任务。

## 二、粮食市场调控的现状和问题

我国自 1990 年开始建立粮食专项储备制度，成立国家粮食储备局，负责粮食储备的管理工作。1998 年，党中央、国务院决定中央储备粮实行垂直管理体制，2000 年，中央决定成立中国储备粮管理总公司（以下简称"中储粮"），具体负责中央储备粮经营管理。并先后成立了国家粮食储备局及省地县粮食厅（局），挂牌命名了 1 300 多个国家粮食储备库，建立了中央直属储备粮库，初步形成了中央、省级、地县三级储备及价格调控的组织管理体系。

目前掌握在国家手中的有效库容大约为 8 000 万吨，如果再加上粮食物流企业自筹资金建设的粮库，粮食加工企业的原粮库，粮食经纪人私建的收纳粮库，估计我国粮库仓容超过 2 亿吨。在仓储容量增加的同时，通过引进国外先进的设计理念、信息系统、技术装备、自动化控制和适用的储粮仓型，初步形成了现代化粮食储备系统及价格调控组织管理体系。形成了较为合理的粮食储备结构。包括涵盖大米、小麦、玉米三大粮食品种和大豆、食用植物油的粮食品种储备结构，粮食主产区和粮食主销区、自给区的粮食储备区域布局结构以及国家专项储备、企业周转储备、民间择机储备的不同所有制粮食储备主体结构，为通过库存调节粮食供求和粮食价格起到了积极作用。

尽管我国粮食储备调控体系建设成绩斐然，在粮食安全供给中起到了积极作用。但我们也应该看到，我国粮食储备及价格调控中存在的问题。

**（一）对粮食储备的认识不够**

长期以来，我国粮食储备坚持中央和地方两级储备，中央储备资金投入早已被列入到中央财政预算之中，但地方储备并没有引起地方政府的足够重视，一些地方政府官员误以为粮食流通和供给进入市场之后，市场可以解决一切问题。因而储粮意识淡薄，对储备粮的重要性认识不足，不把粮食储备资金列入本级政府的财政预算之列，尤其是在县一级政府重视程度很差。储备制度不健全，储备粮资金利息补贴不到位，以致地方政府的粮食储备有名无实。

**（二）储备粮布局不合理**

产区储量大，销区储量小，产区和销区之间因利益摩擦而往往影响粮食安全供给。尽管我国在历史上曾提出和执行过米袋子省长负责制，要求地方政府对当地的粮食安全负责；曾组织过粮食产销区对接，鼓励销区政府在产区建设粮源基地和增强粮食储备能力，但是由于受本位主义思想的束缚和储备成本利益所制，当前的粮食储备仍然大部分集中在主产区。如产粮大省河南省就集中了全国近10%的仓容，而第一粮食消费大省广东的仓容仅有近千万吨，占全国仓容总量的不到3%，以致每到突发性粮食安全事件发生时，从产区向销区调运粮食成为政府处理应急事件的首要任务和压力。

**（三）储粮基础设施仍显落后**

尽管从20世纪90年代后期，国家投入了大量的资金，有效地改善了粮食仓储基础设施和运输条件，但是目前平房仓和楼房仓的比例仍然很高，机械化作业能力强的圆筒仓型仍显匮乏，并且主销区一些重要港口、铁路站段和大型粮库粮食中转设施不足，粮食快速接卸中转能力严重不足，散粮运输工具落后，一旦发生市场异常波动和紧急需粮事件，粮食调运困难，到港、到站接卸运输能力较差，直接影响政府对粮食市场及粮食安全的宏观调控能力。加之落后的包粮储备运输成本高，损耗大，全国性的粮食物流体系尚未形成，以致粮食的储备和流通直接影响粮食供给安全。

**（四）粮食储备主体多元化，给国家宏观调控和粮食调运带来困难**

我国每年粮食总产约5亿吨，国家储粮约占1/4，企业商业性周转储备大体也占1/4，其余的一半为农户储备。这种多元主体参与收储粮食的格局，一方面打破了中储粮独家垄断政策性临时收储业务的格局；另一方面有利于解决农民的卖粮难、保障农民收入、提高农民种粮积极性等问题。但是，多方收储，粮权必然从政府转入加工商和贸易商手中，从产权理论和经济人理论可知，当企业拥有了区别于集体所有权的私人所有权时，必然会利用各种市场机会来实现自身的利益最大化，一旦粮食供应稍显紧张而趋向粮价上涨，企业必然会大肆囤积粮食，追求超额利润，这就可能导致原本紧平衡的粮食市场出现巨大的供给缺口或者价格异常波动。2010年夏粮收购时节，因俄罗斯宣布禁止小麦出口，世界粮食呈现价格上涨趋势，在我国的河南、安徽等小麦主产区就出现了中储粮、中粮等多家企业抢购粮食，农民惜售暂储待价的局面。加上国家失去了部分粮食所有权，无法通过托市收购、顺价销售等措施来调控市场，直接影响储备粮对市场供求的调控能力和粮食安全。因此，在粮食收储问题上是采取国家委托中储粮独家收购还是放开市场允许多方收购是一个难以决断的两难问题。

### （五）粮食进出口贸易把握不科学

在市场开放的背景下，国际市场的粮价和粮食的进出口贸易量都会对粮食储备造成较大影响，因为粮食储备的轮换可以通过进出口的形式来进行；粮食的进口可以替代一定的储备粮而进入国内市场，粮食的出口可以替代一部分消费而影响粮食的储备。在美国，长期以来把粮食储备和国际市场作为国内粮食供求平衡的调控器，当国内粮食增产和供大于求时，一方面按最低保护价大量收储，另一方面加价补贴出口粮食；当国内粮食减产和供不应求时，一方面开仓放粮，另一方面提高出口的限制条件和关税而阻碍粮食出口。而我国目前在这方面调控的意识不强，甚至存在错乱的情况。如2012年是我国连续第9个丰收年，但一些大型国企为了自身利益，大量从越南等国家进口杂交稻米。1—9月共计进口稻谷和大米189万吨，同比增275.7%，大大超出了2011年全年的进口量。10月份进口量更大，海关总署发布的数据显示，10月中国进口了198万吨大米，比2011年同期的50.5万吨，翻了近两番。进口的大米提货价为每市斤1.67元左右，进入内地市场后最高也只有1.80元，而国内中晚籼稻米和粳米销售价格多在1.9～2.2元之间。尽管进口大米的口感远不如国产大米，但对粮价的冲击是很大的。

结果导致稻谷价格大幅下降，粳稻每 50 千克 140 元，比上年每 50 千克降了 5 元。杂交籼稻降得更厉害，由上年的每 50 千克 145 元，下降到 2012 年的 130 元。不仅直接影响了农户利益，也影响了加工企业利益。如 2012 年下半年湖南益阳的兰溪米市，有一半的加工企业处于停产半停产状态。整个湖南、江西等水稻主产省的大米加工产业因"稻强米弱"、"价格倒挂"而处于停滞状态，一直延续到 2013 年都是如此。

### （六）在调控目标上关注市民有余而关注农民不足

现阶段衡量农产品价格水平是否合理，除了考虑农产品生产成本及农民合理收益等因素外，更多时候考虑了城市居民的感受，甚至把市民对农产品价格的反应强烈程度作为是否采取农产品市场调控措施的一把尺子，而对农民的感受没有给予足够关注。其实质是把农产品价格作为了平衡农民和市民利益的基本工具，在操作层面上调控政策往往变成了"调高"不"调低"。从国际上看，农产品市场调控的政策取向都是放在促进市场均衡和保护农民合理收益上，更多时候反而是"调低"不"调高"，即对农产品涨价不进行过多干预，而是更多采取提高最低收入保障线、增加离退休工资、发放涨价补贴、建立食物券计划等方式，减少农产品价格过快上涨对低收入群体生活的影响，从而使农产品市场调控的目标更加集中、措施更有针对性。

## 三、完善粮食市场调控的对策

针对我国粮食储备及调控体系中的现状和问题，以及粮食储备的影响因素，笔者提出如下对策和建议。

### （一）优化完善粮食储备调控体系

一要优化粮食储备的粮权控制结构。在现有国家专项储备、企业周转性储备、农户储备多元储备格局状况下，合理确定国家储备、企业储备、农户储备的储粮比例。国家储备规模的合理把握更能够保证应急性突发性事件发生时的粮食供应，更能够保证通过仓储吞吐平抑市场粮价。针对我国农业发展及粮食生产波动情况和人口、自然气候变化等情况，根据粮食供给立足国内、自给为主，粮食储备能够保证应急、稳定市场，又能进行定期轮换、推陈出新的原则合理确定储备粮的规模。联合国粮农组织提出的粮食安全储备规模是年消费量的 18%，我国一些学者提出的安全储备规模是年消费量的

25％或者35％。笔者认为，粮食储量控制在25％是合适的。其中国家和地方直接储备量应占50％以上，其余可由农户及企业储备。

　　二要建立中央、省、地、县四级粮食储备调控体系，特别是要加强地方储备，地方政府一定要明确粮食安全不仅是中央政府的责任，更重要的是地方政府的责任，同时，对于粮食储备和加工企业，地方政府一定要担负起动态监督工作，要协助中储粮对于为中央储备粮进行代储的企业进行储备规模、库容量、仓储技术条件、管理水平和信誉方面的资格审查，确保国家临时性储存粮食收购任务的完成和储粮安全。目前一些储粮企业利益至上，在获得了国家储粮补贴的同时，又不服从国家对粮食储备调拨和对粮食市场的调控，有的甚至逆向调节。国家要求开仓放粮时舍不得卖出，期望为自己获得更多的利益，有的大企业甚至搞"转圈粮"，甲库卖、乙库买，糊弄上级，套取国家储备粮补贴费用和管理费用；反之在粮价下跌时强调库存爆满，甚至推波助澜，清仓压库，逃避责任，完全失去了国有粮食储备的籴粜平准作用。对这种行为，一方面粮食主管部门要加大对粮食储备企业的处罚力度，一方面要加强对储备企业资格的审定，推进信息化监管，全面提升对粮食储备企业的调控能力。

## （二）进一步推进粮食储备的多元化主体

　　一要推进粮食储备主体的多元化和储备调节的多元化。目前，粮食储备的承储主体比较单一，一般只有中央储备粮管理总公司和地方政府建立的国有粮食承储企业，投资的主体也是中央和地方政府，而民营企业、农民等社会储备粮成分非常缺乏，粮食储备的社会投资和民间投资比例也非常低，为此，一定要通过政策引导，鼓励社会资本进入粮食储备体系，增加承储主体，真正实现粮食储备的竞争性和多元化，为通过市场机制调控粮食供求和价格奠定基础。

　　二要搞好粮食储备的区域布局。长期以来我国把粮食仓储主要布局在粮食主产区，主产区不仅要承担保证国家粮食安全的生产责任，而且还要承担国家粮食安全的储备责任，还要承担粮食储存的资金压力，以致出现了产粮大省、经济穷省的不合理现象，加之东南沿海发达省区工业化、城市化迅猛推进，粮食主产区的北移，使中西部和北部经济本来就欠发达的省份因粮食安全责任的承担而经济差距与东南沿海进一步拉大。现在中央已经明确了自身的粮食安全责任，粮权属于国有的储备粮的收购资金、储备管理等费用都由中央负担，从某种意义上讲，地方政府储备粮食不再是经济负担而是一个获利的经营项目。为此，建议从粮食战略储备和西部大开发的角度考虑，在中西部粮食主产区增建扩建一些国家储备粮库。同时，考虑到东南沿海人口稠密、经济发达、粮食需求旺盛、交通便利，粮食流通速度较快，可以考虑由其投资在主销区建立自己专用的粮食储备库，以便在紧急状况下和中央储备形成两轮驱动，迅速平抑粮食市场价格及处理粮食不安全事件，形成调控粮食市场及保障供给安全的更大能力。

### （三）规范农户储备粮的管理

藏粮于地和藏粮于民是长期以来我国实现粮食安全的重要举措。从目前的现实来看，农户和社会企业储备粮占了我国粮食储备量的1/2以上。所以加强这一部分粮食的管理，防止仓储的虫害、鼠害和霉变损失，对于配合国家的宏观调控十分重要。

一要充分认识农户储备粮食的重要性。借鉴美、日发达国家的经验，研究制定农户储备的补贴政策，把粮食储备时间与收购价挂钩，对于农户储备给予补贴。

二要研究和改进民间储粮的新技术，积极创制民间储粮的新储具，以防止储备中的损失。

三要加强和规范民间粮食管理。在认真审察其储粮条件和资格的同时，建立相应的管理制度，真正保证农民的粮食储得进、取得出、储存质量有保障，粮权归农户，储备保管质量有提高。

### （四）建立与完善粮食价格形成新机制

在社会主义市场经济条件下，国家要紧紧围绕"价格"做文章，最终实现政府调控市场、市场形成价格、价格引导生产、流通和消费的良性循环。

一要建立与完善市场形成价格的机制。要充分发挥粮食批发市场、粮食期货市场和粮食电子商务的功能与作用，推动全国统一大市场的形成，建立真正以市场为基础的粮食价格形成机制。

二要建立与完善国家支持价格的机制。针对最低收购价的局限性，抓住时机变最低收购价为目标价格，变"暗补"为"明补"，改对流通环节的间接补贴为对农民的直接补贴，在提高对农民直接补贴的基础上，真正放开粮食价格，构建粮食价格保护的新机制。

三要建立与完善政府调控价格的机制。市场失灵的存在，就有了宏观调控的必要。政府应该制定合理的调控目标，重新界定粮食的一些警戒线指标，有效利用生产、流通、库存、进出口等调控手段，实现粮食供求平衡，保证粮食价格稳定。但政府对粮价的调控主要应是运用经济手段的间接调节，而不应是行政手段的直接干预。最简便易行、最有效的办法是通过确立的国家粮食交易中心进行政策粮的吞吐调节来平抑市场粮食价格。2006年政府在这个方面的尝试已经取得很好的效果。

四要完善农产品市场调控。充分发挥价格对农业生产和农民增收的激励作用，按照生产成本加合理利润的原则，继续提高小麦、稻谷最低收购价，适时启动玉米、大豆、油菜籽、棉花、食糖等农产品临时收储。优化粮食等大宗农产品储备品种结构和区域布局，完善粮棉油糖进口转储制度。健全重要农产品市场监测预警机制，认真执行生猪市场价格调控预案，改善鲜活农产品调控办法。完善农产品进出口税收调控政策，加强进口关税配额管理，健全大宗品种进口报告制度，强化敏感品种进口监测。推动进口来源多元化，规范进出口秩序，打击走私行为。

## （五）加强农产品监测预警等基础性工作，搞好农产品市场预期管理

围绕农业产前、产中和产后全产业链，着眼于国内国外两个市场，健全重要农产品监测预警机制，加强和完善农产品信息统计发布制度，改进面向生产者、经营者和消费者的信息服务，及时对农业生产及农产品市场状况进行准确研判和科学解读，合理引导重要农产品市场运行。同时，从调控目标出发，加强对农产品市场调控政策执行情况的跟踪与评价，研究建立市场调控评估制度，尽快形成农产品市场调控政策的自我校正及持续优化机制。

# 第十一章 强化农业财政补贴：破解 "种粮低效" 难题

## 一、财政补贴是提高农业与粮食生产效益的有力武器

财政对农业特别是粮食生产实施补贴是保障现代农业发展的有效手段，是提高粮食生产效益的有力武器。对农业实施政府财政补贴，既是我国经济社会发展的必然要求，也是世界各国通行的做法。

### (一) 从农业的一般产业特性来看

农业是一个特殊的生产部门，是自然再生产与经济再生产相交织的产业。一方面，农业生产因为是露天生产，受自然条件的影响较大，具有周期性、波动性和风险性；另一方面，因粮价始终受国家粮食收购政策的限制，粮价总体上不可能有大幅提升，这两方面的特点决定了粮食生产的比较效益低。此外，由于农产品缺乏需求价格弹性，当农业丰收、农产品生产增加时，农产品市场均衡价格下降幅度往往要大于农产品的增长幅度，最后使农民收入下降，引起农业减少生产；当农业歉收、农产品生产减少时，农产品市场均衡价格上升幅度往往又大于农产品生产的减少幅度，由此刺激农民大幅度增加农产品生产。这种市场特点放大了农产品生产的周期波动，使农业成为一种高风险、低收益的弱质产业。为了缩小农业生产的周期性波动，稳定农产品市场供求关系，防止农业生产大起大落，就必须通过政府这只"有形的手"出面，采取适当的经济干预措施，包括进出口、储备、增加基础设施投入、对生产者实行补贴等措施，才能促进农业特别是粮食生产的持续稳定发展。

另外，农业效益的外部性也是政府实行经济干预和补贴政策的重要理由。在工业化中期阶段，随着人均收入水平的快速提高，社会对农业的需求开始发生转折性变化，出于健康和享受需要，人们日益要求农业生产出符合安全质量标准的"生态"产品和"环境"产品。农业作为环境功能的提供

者，通过固碳、流域治理和保持生物多样性等途径，向社会提供了多样化生态功能。尽管在这些生态功能中，有一些可以通过市场交换实现买卖，但有相当部分属于公共产品，这些产品社会效益大于经济效益，付出的是粮食生产者，而享受的是社会公众。作为自私的社会公众个体，谁也不愿意为此买单。这就决定了政府必须为这些产品生产提供必要的支持和补贴。

### （二）从世界发达国家的通行做法来看

世界主要发达国家，包括美国、英国、法国、加拿大、德国、日本、韩国等国家，无论其农业现代化程度有多高，对农业特别是粮食生产均进行财政大量补贴。财政补贴主要有两种：一是广义补贴，即政府对农业部门的所有投资或支持，如对科技、水利、环保、保险等方面的支持，由于不会对产出结构和农产品市场产生直接显著的扭曲性作用，被称为"绿箱"政策。一种是狭义补贴，如对粮食等农产品提供的价格、出口或其他形式的补贴，通常会对农产品市场造成直接明显的扭曲性影响，被称为"黄箱"政策。世贸组织农业协议不赞同"黄箱"政策，并试图通过多边贸易协议框架加以限制和削减，但不限制"绿箱"政策。这些发达国家在进入工业化中期阶段后，普遍采用"绿箱"或"黄箱"政策对农业进行支持和补贴。其支持和补贴农业的力度由弱变强，范围由小到大，政策手段由少到多；目前其支持和干预农业的政策工具、手段多达30余种；政策目标以生产性支持为主，增加收入支持为辅，特别是资源短缺型国家还将支持和补贴目标锁定粮食安全。

到了工业化后期阶段，各国支持和补贴农业的政策目标先后转向了增加生产者收入、保护生态环境等方面。如美国，其农业法案每5年修订一次，最新的农业法案《2007农场、营养学以及生物能源法案》于2010年6月正式出台。与2002年的农业法案相比，美国2007农业法案中农业补助金额再次上升，达到了约2 900亿美元。此外，该法案还扩大了对美国农作物种植者的补贴额度和范围，除了维持目前对玉米、小麦、大麦、大豆等农作物的补贴外，还将补贴范围扩大到了水果、蔬菜等其他农作物。新农业法案将2 900亿美元的2/3用于帮助美国的"贫困者"应对食品价格上涨。这意味着美国国内的需求不会对农产品价格敏感，就算价格上涨，只要在补贴范围内，美国的需求依然旺盛。而美国是全球农产品主要出口国，其国内农产品价格上涨将通过出口向全球传导。另外，在美国国内新增土地资源有限的情况下，新农业法案进一步鼓励美国地区农民休耕土地。

**（三）从我国的特殊国情来看**

我国农业除了具有前述一般产业特性之外，还有几个特殊因素更加需要政府实施财政支持和补贴政策。

一是我国人地关系紧张，农业资源高度稀缺。在无法完全依赖国际市场解决国内粮食乃至食品安全的情况下，13 亿人口的吃饭问题是始终是影响社会稳定与经济发展的大问题。粮食乃至食品安全是全社会需要面对的问题，解决粮食以及食品安全的成本不应由农民完全承担，社会要承担相应的责任，因此，政府应该实施必要的支持和补贴政策。政府对农业进行支持和补贴，实质上是政府向农民购买粮食以及食品安全，是一种合情合理合法的公益行为。

二是小规模经营引起的农业高成本、低收益问题异常突出。我国农业是典型的小规模经营，全国平均每个农户经营的耕地不足 10 亩。在小规模经营条件下，农民要想获得较多产出，只有增加化肥、种子、农药、农膜等土地以外的投入。虽然通过不断增加投入，农业获得了较高产出，农民收益也取得了一定增长。但是，在农业报酬递减规律支配下，农产品生产成本迅速上升，农业收益空间不断变小。面对这种变动趋势，如果政府不对粮食等主要农产品生产提供支持补贴政策，农民将会减少甚至放弃这类产品生产，结果会引起粮食等主要农产品市场供给出现大的波动。因此，在小规模经营农业条件下，为稳定粮食等主要农产品供给，更加必须对农民提供支持和补贴政策。只有围绕粮食等主要农产品实施支持和补贴政策，让农民有利可图，我国粮食等主要农产品市场才有稳定的基础。

三是我国工业化和城镇化正处于加速推进时期，土地、劳动力等资源要素非农化冲动十分强烈。20 世纪 90 年代以来，我国快速的工业化和城镇化使得土地、水等资源大量从农业转向非农业领域，加剧了农业资源短缺的矛盾。在此压力下，主要农产品生产成本不断上升，收益率持续下降，数以亿计的农业劳动力向城镇和非农产业转移，大大提高了农业的机会成本，给主要农产品生产带来了越来越大的压力。在农业收益率下降、机会成本明显提高的情况下，除了农产品市场价格上涨可以弥补部分收益损失外，只有对主要农产品生产进行必要的支持和补贴，才能使其保持稳定的收益率。

四是我国已经具备实施农业补贴政策的条件和能力。自 21 世纪以来，我国经济保持了持续快速的增长，社会经济结构发生了巨大的变化，从人均国内生产总值、农业占国内生产总值比重、财政收入、产业结构、就业结构、城市化率等主要指标测算，我国工业化已明显进入中期阶段，工农关系、城乡关系正在发生转折性变化，这些变化充分表明我国已经具备了对农业实施支持和补贴政策的条件与能力。如 2008 年我国人均国内生产总值达 3 407 美元，已经超过 3 000 美元，进入世界中等收入国家行列。最近十年（2003—2012 年），国家财政收入保持较快增长，财政支付能力不断增强。全国财政总收入由 21 715.3 亿元增长到 117 253.52 亿元，增长了 4.4 倍；农业增加值占国内生产总值比重从 15.1% 下降到 10.1%，农业劳动就业比重从 50% 下降到 39.6%；在出口结构中，工业制成品出口比重也由 89.8% 上升到 94.6%。这表明我国经济已经实现了从农业向非农业经济结构的转换，此时工业化到了不但不依赖农业积累实现快速发展，而且还完全可采取"以工促农"形式支持和补贴农业发展。

## 二、我国农业财政补贴的现状与存在的主要问题

我国自 20 世纪 50 年代末对农业实施财政补贴政策以来，农业补贴对促进农业发展、改善农业生产条件（如小水电、农业机耕、脱粒等）、保证农用生产资料的优质低价、维护农产品价格稳定等方面发挥了重要作用。特别是自 2004 年开始，全面实施粮食直补、良种补贴、农资综合补贴、农机购置补贴、测土配方施肥补贴、节水灌溉设备补助、科技入户技术补贴等政策，国家用于补贴的资金规模由少到多，迅速增长。2005 年，中央财政用于农业"四补贴"的财政补贴资金为 170 亿元，到 2009 年达到 1 230.8 亿元，2012 年达到 1 500 亿元。补贴范围由大豆逐步扩大到水稻、小麦、玉米、棉花、生猪、油菜、奶牛等 10 余种农产品，使得我国粮食产量逐年增加，2012 年粮食总产量达到了 58 957 万吨，创历史纪录，实现粮食总产"九连丰"。2013 年更是创造历史最高纪录，达到 6 亿多吨，实现"十连丰"。通过对农业实施较大规模的补贴政策，农产品品种更新换代步伐明显加快，良种良法和先进适用农机具得以快速推广，全国主要农产品耕种收综合机械化水平有了显著提高，粮食等主要农产品因生产成本增加造成的收益

损失大为减少，增加了农民的收入，推动了农村消费的快速增长。

但是，随着我国工业化、城镇化进程的加快，农业比较利益低下、竞争力减退、生态环境恶化、农产品品质与安全性始终难以有效提高、农业发展风险因素增多等问题日趋显现，农业补贴政策的功效在逐渐减弱，农业补贴政策的设置及操作办法等还存在着诸多问题。主要是：

**（一）补贴力度有限，刺激增产的作用在减退**

与发达国家比，目前我国财政补贴支农水平不高，补贴总量远未到WTO《农业协定》中"黄箱补贴"允许的占农业产值 8.5％ 的水平，虽然近几年，财政用于"三农"的补贴资金有大幅增加，但年度间不均衡，特别是一些地方财政补贴支农投入不足、城乡财政资源配置不对称的状况没有彻底改观。税费改革与粮食补贴政策的同步实施，曾经对我国粮食增产起到了明显促进作用。但随着非农产业的发展和农民从事非农产业获取报酬的递增，原有减负和补贴政策效应不断减弱，加之农用生产资料价格的快速增长，种粮收益明显下滑。以 2011 年为例，中央和地方财政对粮食生产性补贴平均每亩为 112.75 元，按每亩平均粮食产量 500 千克计算，每千克补贴金额仅 0.225 5 元；这一补贴标准按三等粳稻谷当年全国平均交易价格每千克 2.60 元计算，仅相当于粮价的 8.67％。自 2006 年 11 月以来，化肥、农药、柴油等农用生产资料价格持续上涨，平均涨幅高达 90％，其中化肥价格上涨超过一倍。河南、河北、山东等省小麦种植成本达到每亩 650 元（不包括人工成本），按单产 500 千克、每千克售价 2.00 元计算，每亩小麦纯收入仅为 350 元。湖北、湖南等省种植稻谷纯收入更低，每亩纯收入仅 110 元。另据袁隆平对湖南农户水稻种植成本和收入进行过估算，结果是扣除成本后，2011 年农民每亩水稻净收入 116.6 元，其中农业补贴 109.1 元，如果不算农业补贴，则纯收入仅为 7.5 元。种植粮食作物报酬递减，直接影响到粮农生产积极性。虽然近年来中央财政大幅提高了农资综合直补标准，从 2006 年的 120 亿元增至 2011 年的 860 亿元，但与快速上涨的农用生产资料价格相比，仍显不足。在粮食价格保持相对稳定的宏观调控政策背景下，依靠提高粮食价格来增加种粮收入已不现实，而通过粮食补贴降低粮食生产成本的政策效应又被持续上涨的生产资料价格所抵消。因此，仅靠粮食补贴、而不能有效控制农用生产资料价格上涨，要保持粮食生产的稳定实属艰难。

虽然我国粮食产量连续 10 年获得丰收，其中 2012 年全国粮食总产量达到 58 957 万吨，创造了新的历史纪录，比 2011 年增产 1 836 万吨，增长 3.2%。但是，这些增产九成以上是来自粮食主产区，2012 年全国 13 个粮食主产省（区）（包括河北、内蒙古、辽宁、吉林、黑龙江、江苏、安徽、江西、山东、河南、湖北、湖南、四川）粮食总产量达到 44 609.8 万吨，占全国粮食总产量的比重达到 75.66%，这说明我国粮食生产高度依赖 13 个粮食主产区。相比之下，一些主产区的粮食生产却始终徘徊不前，有些甚至出现减产。据笔者对湖南、江西、安徽等省的实地调查，发现这些省份都普遍存在耕地撂荒现象，尤其是在丘陵、山区地区，撂荒面积有的超过 30%。甚至有些农户连"口粮田"也不耕种，其所需粮食全部到市场上购买。

### （二）政策操作过于简单，没有发挥财政补贴资金的应有效益

现行粮食直补、良种补贴和农业生产资料综合补贴在政策设计上均有所不同，体现了政府支持粮食生产的目的和方向。根据历年中央财政支持"三农"补贴政策中对有关项目的说明，粮食直补是对种植粮食的农户给予的补贴，其目的是鼓励农户生产粮食，以稳定粮食播种面积；良种补贴是对繁育、销售和使用良种过程的补贴，其目的是推广良种种植，改良农产品品质，以提高单位面积产量，推进农业区域化布局、规模化种植、标准化管理、产业化经营；农业生产资料补贴是对农户购买和使用农业生产资料给予的补贴，其目的是补偿因农业生产资料价格上涨而受到的利益损失，以有效降低农户的生产成本，保障种粮农民合理收益。良种补贴依据农产品品种补贴实行现金直接补贴和差价供种两种方式，其中对水稻、玉米、油菜、花生良种采取现金直接补贴，实行良种推介、自愿购种；对小麦、大豆、棉花、青稞良种采取差价供种或现金补贴。差价补贴由省级农业部门和财政部门组织招标采购良种，中标单位在获得预拨的良种补贴款后向农户提供折价后的种子。但在政策运行过程中，由于缺乏统一规定，各地自行制定适合本地农业生产特点的补贴政策，导致政策的差异性较大。在具体操作过程中，为求简便省事，大多数省份实施"一卡通"或"明白卡"，将粮食直补、良种补贴和农业生产资料补贴捆绑在一起，按照耕地面积计发补贴，使这三种不同性质的补贴演变成单一的农业综合收入补贴。许多农民面对"明白卡"却依然揣着本"糊涂账"，对农业补贴的发放类别、标准并不清楚。"只知道每年

都增加一点，但具体是哪个项目增加了，增加了多少，我也说不准，反正就当是国家给咱发工资了。"笔者在调研过程中经常听到有农民这样说。这种按耕地面积发放补贴资金的办法虽然操作起来简单省事，但违背了农业补贴初衷，导致补贴政策作用大打折扣，甚至少数省份在良种差价补贴中，因折价后的良种价格并不比市场价格低而广受指责，也有"暗补"之嫌，难以让农户真正受益。补贴种类多、补贴标准相对偏低，农民对补贴政策说不清楚，补贴调动农民生产积极性的作用也就日益减小，没有充分发挥财政补贴资金的应有效益。

种粮大户反映最多的是真正种粮的人得不到补贴而不种粮
的人反而坐享其成。图为作者与种粮大户交谈（张佳峰摄）

### （三）政策的公平性不够，补贴机制有待完善

一项政策的设计不仅要考虑其实施的效率，而且要考虑其公平性问题。当前农业补贴政策在公平性上存在的突出问题集中表现在三方面：

一是省际间补贴标准相差过大，导致不同省份之间、地市之间农业补贴额的不公平。我国农业补贴政策是由中央政府推动、中央财政主导的，中央财政依据各省（市、区）耕地面积按照同一补贴标准每年将补贴资金拨付给省市自治区财政；地方政府承担农业补贴政策的落实及地方财政对中央财政资金的补贴配套。在分税制体制下，由于地方财政财力状况不同，财力越雄厚的地区，其配套补贴标准越高；财力越薄弱的地区，其配套补贴标准越低，有些省份在一些补贴项目上甚至没有配套补贴，完全依赖中央财政给予的补贴。如粮食直补中，种植小麦全国补贴标准最高的北京市为每亩88元，最低的甘肃省每亩仅为6.51元，高低之间相差13.5倍。像甘肃、青海、宁夏等西部省份，由于自身财力薄弱，高度依赖中央财政转移支付，根本无力给予农业配套补贴；而像北京、上海、浙江、江苏、广东、福建等经济发达省份，由于财力雄厚，可给予农业补贴的数额就相当可观。即使是同一省份，不同地市之间也存在较大差异。以湖北省粮食直补为例，武汉市每亩补贴标准为30元，而相邻的黄冈市每亩仅为15元，两者相差一倍。

二是撂荒地的农户在没有任何农产品产出情况下仍可获得全额补贴，有些农户甚至将补贴资金用于购买粮食及其他生活用品，这显然与农业补贴政策的目的背道而驰；有些地方耕地转包、转租农户，转出或转租耕地后，仍可获得农业补贴，而转入、租入耕地的农户或其他生产经营组织，实际种植粮食却不能获得应有的补贴。

三是缺乏对种粮大户激励政策，补贴力度有限。种粮大户每年为国家贡献了大量商品粮，但获得的补贴与其他不贡献商品粮的自给农户、撂荒而购买商品粮的农户相比并不算多，每亩相差不到10元，有些地方每亩仅高出2元。

### （四）补贴项目设置不科学，补贴结构不合理

一是对农业直接补贴政策目标的短期化。我国财政对农业的补贴长期存在着补贴政策目标短期化、补贴方式模糊等现象，影响了补贴效果的发挥。财政直接用于农业的补贴政策一般与当时中央和地方制定的农村经济政策相挂钩，成为政策的配套措施。但是，中央和地方制定的农村经济政策是不断变化的，财政的直接补贴政策也随之发生变化。

二是补贴重点欠明确，某些方面补贴力度不够强。就补贴领域而言，对农产品的补贴主要集中在粮棉产品，虽然已开始有选择地补贴某些优质品种，但还不够普及、稳定；对投入品的补贴几乎涉及化肥、农药、农膜和种子等农业生产资料的诸多方面，而且很少分地区和人群；对农业结构调整补贴的力度有限；农业产业化的龙头企业同样面临金融支持乏力的难题，这些均反映出补贴重点不够合理、明确。从补贴力度来看，在一般政府服务中，对农民培训的支出比例很低，仅占一般政府服务的2.1%，其中没有或很少有补贴，导致农民的人力资本匮乏；农业技术推广补贴力度不大，进展迟

缓；市场营销服务未明确给予补贴性支持，呈现短缺态势；检验服务因补贴资金缺口大，比较落后，难以满足加入 WTO 后农产品进出口及国内生产的需要。在国内粮食援助上，一方面补贴资金欠缺，另一方面粮食库存积压严重。

三是忽视对农业保险的补贴，农业保险业务出现全面萎缩，农业缺乏防灾补损的支持。在近年来自然灾害频繁发生的情况下，农业危害程度不断加重，农村经济的发展受到影响，也给国家财政造成较大的压力，不得不动用财政资金用于灾后重建。

四是农业出口贸易补贴不足，以粮食为主的农产品过剩问题开始显现，使财政、信贷和国有粮食购销企业面临较大难题。由于财政和银行信贷在粮食等主要农产品补贴中占用大量的资金，难以有充足资金用于补贴农产品的出口，使我国粮食等主要农产品的出口成本高，在国际市场上竞争力不强，出口量一直得不到有效提高。

### （五）管理体制运行不畅，行政操作成本过高

关于农业补贴的政策，从整体投入情况看，主要涉及发改委、财政、农业、农办、水利、林业、扶贫和金融等多个部门管理，从财政部门内部看，有经建、农业、社保、农开办等机构均有涉及，农业部门内部也涉及计财、粮油、种子、土肥、植保、环保以及畜牧、农机、农业产业化等单位。因政出多门，协调困难，交易成本高，时滞长，加之部门本位主义、地方保护主义和寻租活动的影响，使得农业补贴中的"跑、冒、滴、漏"现象难以避免，从而降低了农业补贴的效率。另外，因中国农民数量庞大，在政府与农民之间缺乏一个有效的中介组织载体，许多针对农民的直接补贴政策，其运行成本都比较高。如粮食补贴中，山东省每亩补贴的工作成本为1元。河北省在粮食直补工作中，县、乡、村三级共抽调2万多人，每人用了近60个工作日。一般一个乡镇的直接支出费用为2万～3万元（不含人工），直补工作成本约占直补资金的10%。一些省粮食风险基金按季均衡拨付和分两次发放直补款，既不方便农民，也增加了工作量和成本。有些省按照当年实际播种面积进行补贴，在核实面积时需要三次张榜公布核实，工作量很大。另外，有些地方实施良种补贴政策时，多数农户已备足种子，给良种推广带来一定难度。

### 三、强化和创新农业财政补贴的对策

2013 年中央 1 号文件指出："适应农业进入高投入、高成本、高风险发展时期的客观要求，必须更加自觉、更加坚定地加强对农业的支持保护。要在稳定完善强化行之有效政策基础上，着力构建'三农'投入稳定增长长效机制，确保总量持续增加、比例稳步提高。"我们要以此为总要求，在对我国原有农业补贴政策进行科学评估的基础上，针对存在的问题，借鉴国外农业补贴政策经验，优化和创新农业财政补贴政策，创新工作方法，发挥财政资金"四两拨千斤"的作用，切实推进粮食和农业生产稳定发展。

**（一）重构补贴目标，将单一增产目标变为粮食安全、农民增收、农业竞争力增强等多重目标**

单一增产目标容易导致补贴的单一性，即过于偏重对农业生产的补贴，忽视对农业生产外部环境的考量和补贴支持。如现阶段为增加粮食产量，政府加大了对粮食生产的补贴力度，补贴资金逐年大幅增加，但收效不大。究其原因，一是种粮收益水平长期低下，粮食生产成本居高不下，粮农收入难以保证；二是农业基础设施、农业科技推广投入不足，粮食生产能力提升缓慢，劳动生产率不高；三是粮农社会保障水平低，依靠粮食收入不仅难以保障自身及其家庭在养老、医疗卫生、子女就读高中及大学学费等长期不可预测的福利支出需要，而且连当前必需的生产生活支出也难以保证。针对当前国际国内粮食等主要农产品安全形势和国家财力状况，稳步提高粮食等主要农产品价格是实现农业补贴多重目标的关键。粮食等主要农产品价格上涨，短期内可能导致通胀，但可有效刺激农产品生产，增加供给，最终会使农产品价格回落到正常水平。如果对粮食等主要农产品采取政府管制措施，认为农产品价格高企会危及城镇居民生活，则会打击农民生产积极性，容易出现大面积撂荒现象，导致农产品生产不足，供给减少，反而会引发农产品价格上涨，甚至出现粮食危机。我国曾多次对粮价采取价格管制措施，也着实起到应有的效果。但是，在现有市场经济条件下，简单采取价格管制手段可能难以收到较好效果。在原有体制条件下，非农产业发展不充分，农村劳动力就业渠道狭窄，粮食作为传统产品是农业生产的首选，也是主要的收入来源。在现有条件下，非农产业发展迅速，农村劳动力转移渠道拓宽，转移容

易，报酬高；而粮食等主要农产品的生产比较利益低，成本高，既不能作为主要收入来源，又不能作为养老、医疗等社会保障的依靠。

诺贝尔经济学奖得主迈克尔斯宾塞（Michael Spence）认为，对于相对贫困的人来说，食品涨价是个非常紧急的问题，这时限制出口和管制价格作为紧急应对之策是可以理解的。但对于通常情况下的广大农民群体，要解决粮食问题，最关键的还是市场激励，让粮价涨上去，这样农民才有生产积极性，粮食产出效率也才可能提高。在这一过程中，转移支付、农业补贴等财政手段比价格管制更有效。食品与能源在供给方面略有不同，一旦出现价格信号，农产品供给会迅速反应。长期以来，欧盟、美国等国家，一直将粮食安全、提高农业生产者收益水平、发展生态农业和增强农业竞争力作为粮食补贴的主要目标，围绕这些目标，不断优化补贴结构，使农业补贴政策成为支持与发展农业的重要手段。我国在农业补贴政策的目标构建上，应结合当前农业发展新形势、新特点，特别是工业化、城镇化进程不断加快背景下，着力解决农业比较利益低下、农业生态环境恶化、农产品品质与安全性堪忧、农业竞争力减弱等影响农业可持续发展的难题。

**（二）完善补贴机制，加大对粮食主产区和种粮大户、家庭农场的补贴力度，不断改进补贴方式**

首先，加大对粮食主产区和种粮大户、家庭农场的补贴力度。在工业化、城镇化进程中，越来越多的农民会离开农村和农业，保障粮食安全重任将更多地落在现有的粮食主产区和种粮大户、家庭农场肩上。基于我国粮食增产主要由 13 个粮食主产区和种粮大户、家庭农场来承担的现实，按照权利与义务对等原则，在补贴标准上应向这些为我国实现粮食生产目标做出重要贡献的粮食主产区和种粮大户、家庭农场倾斜。在现有基础上，大幅调高对粮食主产区和种粮大户、家庭农场的粮食直补、良种补贴和农资综合直补的补贴额度，其中，粮食直补额和良种补贴额占当年粮食平均售价的比例宜保持在8%～10%的水平；农资综合直补应与当年农用生产资料价格相挂钩，补贴的理论值应是完全弥补当年农用生产资料价格上涨，考虑到政府财力限制和生产资料价格上涨幅度过大过快，农资综合直补额至少应占农用生产资料上涨价格的 50%。对非粮食主产区和耕地面积较少、仅为自给而种植粮食的农户，维持现有补贴标准不变。

其次，为避免省际间、地市之间农户补贴标准过于悬殊问题，中央政府除鼓励一些地方政府加大对农业的配套补贴比例外，还可考虑适当缩减经济发达省份的补贴额度，让这些地方政府履行更多的农业补贴责任，中央财政可将腾出的这部分补贴资金优先用于 13 个产粮大省的种粮大户、家庭农场粮食直补和良种补贴。前文所述，近年来 13 个产粮大省贡献了全国粮食总产的 75％以上，是实实在在的粮仓，理应给予特别补贴政策支持。

最后，改进补贴方式，以提高补贴效率。现行按耕地面积补贴方式虽然简便省事，但既不公平又缺乏效率，特别是对撂荒地、转包转租耕地农户以及在耕地上种植非农作物，如树苗、药材、花卉等，也给予补贴，显然违背了农业补贴的宗旨，不仅没有起到刺激粮食生产的作用，反而影响了真正种粮农民的积极性，因此要尽快改变现状，实行按照实际种粮面积发放补贴做法。目前，有些地方通过卫星遥感技术监测农作物播种面积并以此确定补贴标准的做法并不适合在全国推行，比较有效的办法仍是加强基层政府和农村集体组织对农户实际耕种面积的核查工作，以及财政、农业、纪检监察等相关部门的抽查工作，真正让种粮拿补贴、不种粮拿不到补贴，在农村形成"种粮才有补贴"的良好氛围。国外在类似补贴上，均按农户或农场主实际耕种面积核发补贴，从来没有按耕地面积发放补贴的先例。在实施补贴的初期阶段，这些国家往往由农村社区的基层官员进行核查，之后由农户或农场主自行申报。在当今许多发达国家，如美国、欧盟、日本等国，冒领农业补

袁隆平选育的超级稻丰收在望（李一平摄）

贴行为被视为欺诈犯罪，不仅要受到法律制裁，而且会被乡邻耻笑，由此从法律和道德两个层面对农业补贴政策进行了规范，极少发生农业补贴被冒领的现象。我国农民的观念和自觉性与发达国家农民还存在一定差距，需要各级政府加大对农业补贴政策的宣传力度，让农民深刻了解政府对农业补贴的目的。在现阶段，可考虑家庭农场、种养大户、相关企业优先申报，其他小农户通过合作社和公司共同申报，然后由乡镇农技站和财政所共同负责审核，逐级上报的办法进行补贴。利用合作社、公司的信誉和应有的担保责任，保障补贴的公平、公正和有效。

**（三）优化补贴结构，创新农业补贴项目**

限于中国特殊的国情国力，在现阶段期望大幅度增加农业补贴进而实行全面补贴是不现实的。理性合理的选择是突出重点、循序推进，即把有限的财政资金补贴到关键区域和重点品种上，以强化其比较优势和国际竞争力，进而提高农业生产效率，提升农民收入水平。重点围绕"规模化、专业化、品牌化"，帮助农民解决"用地难、用工难、盈利难、融资难"等方面进行补贴扶持。

1. 重视对新型农业经营主体的补贴。新增补贴向主产区和优势产区集中，向专业种养大户、家庭农场、农民专业合作社、种粮企业等新型农业生产经营主体倾斜。

2. 注重农业生产环节特别是产中环节社会化专业化服务的补贴。支持发展农业农村社会化服务体系建设，如农资供应、科技推广、职业农民培训、农机作业、测土配方施肥、专业化统防统治、统一烘干等，为现代农业提供多元化专业化社会化服务。

3. 重视粮食等主要农产品的仓储建设和出口补贴，缓解农产品的过剩问题。国家实行粮食按保护价敞开收购政策后，粮食等主要农产品产量稳定增加，而国家对粮食的消化和转化又很有限，这就必然造成有些丰收年份粮食结构性过剩局面。对过剩粮食的处理办法目前只有两种：一是扩大仓储容量，是当前解决粮食过剩的主要办法。要大力补贴新型农业生产经营主体发展小型仓储设施。二是增加出口补贴，作为减轻粮食过剩压力的重要补充。

4. 加强农田基础设施建设的补贴。主要是土地整理、病险水库除险加固、山塘清淤扩容工程、标准粮田建设、中低产田改造等农田水利基础设施、机耕道路、烘干和仓储设施等。要合理整合资源，大力推行"民办公助、以奖代补"政策，充分调动新型农业经营主体自主投入建设基础设施的积极性，对达到一定经营规模并签订土地长期流转合同（5 年或 10 年以上）的家庭农场、专业大户、合作社和企业，通过专项资金补贴和相关政策予以鼓励和支持，重点解决好烘干设备、晾晒场、仓储设施、简易临时办公用房等基础设施条件不足的问题。

5. 注重对农业保险的补贴。农业保险政策性强，涉及面广，风险大且难以控制，赔付率高，目前经营保险业务普遍存在亏损问题，以至许多商业保险企业限制开办或不开办农业保险业务。支持农业保险业务的全面开展，首先，需发挥政府的职能作用，借鉴国外成功经验，由政府直接开办或政府委托的保险机构开办，经营亏损由财政补贴。这项补贴肯定比财政直接用于救灾支出少得多，不仅能有效地分散风险，分摊风险损失，而且能极大地减轻财政的救灾支出压力。其次，鼓励地方或农户成立互助保险合作组织，建立农业保险专项风险基金，通过减免营业税、所得税等优惠办法，扶持其发展。

6. 重视农业生态环保补贴。生态农业是当今世界农业发展的主线。近 10 年来，世界许多国家的农业补贴政策已由单纯追求农产品产量变为改善农业生产环境、重视农产品品质与安全性，对农民利用有机肥、节水灌溉、使用生物技术除草、防治病虫害等进行的生产给予额外补贴（一般采用加大补贴系数办法）。长期以来，我国大多数农户的生产模式仍以大量施用化肥、农药、除草剂为主，导致土地肥力减退，土壤、地表水和地下水污染日益严重；草场的过度放牧、土地的不合理开发与使用所造成的水土流失、江河淤积和大气污染问题日益加重。因此，在补贴政策选择上，可从绿色、有机农产品生产上先行试点。如以粮食主产区的家庭农场或专业农户为补贴对象，对采用资源节约、环境友好生产方式，如使用有机肥或采取测土配方施肥，减少农药使用量等导致的损失给予一定补贴。

7. 重视品牌农业补贴。国务院 2012 年 3 月出台的《关于支持农业产业化龙头企业发展的意见》，主要目标就是要培育壮大龙头企业，打造一批自主创新能力强、加工水平高、处于行业领先地位的大型龙头企业。要建立健全农产品品牌服务体系，为新型农业经营主体提供品牌咨询服务；积极组织多种形式的农产品品牌培训，提高其品牌经营理念，掌握品牌定位、品牌设计、品牌保护与危机管理、品牌延伸等品牌营销技巧。对获"三品一标"以及名牌农产品认证的企业进行财政补贴或以奖代补、税收减免措施等，提升农产品和食品质量安全水平。

8. 重视对农村人才引进、培养的补贴。现阶段我国财政资金的农村教育补贴主要是对农村学生的补贴，是义务教育阶段的补贴。财政资金补贴首先要对在农村工作的教育工作者工资进行补贴，充分调动农村教育者的工作积极性，教师和学生的互动才能培养出人才。其次，要对在农村工作或愿意到农村工作的农业科技人员进行补贴，使其工资待遇不低于在城市工作，鼓励农业大学毕业的科技人员到基层展示才华。三是，财政补贴还要鼓励在农村建立农业科技职业学院，把农民的大学建在家门口，培养适用的人才。尤其是对新型职业农民有针对性地开展系统深入培训。大力培育适应现代农业发展的生产服务型和经营管理型职业农民。当然，这一政策的实施并不妨碍农村劳动力到城市打工，城市需要的人才不一定必须是高科技人才，农村也不是只需要简单劳动力，应逐步在农村和城市之间建立能进能出、大进大出的人才流动机制，统一城乡劳动力市场。

（四）创新财政补贴管理，切实加强领导

由于农业生产主体的多元性、流动性，耕地的分散性、破碎性以及农产品品种的多样性、生产的季节性，致使对农业生产的财政补贴是一项非常复

种粮大户种植的水稻长势平衡丰收在望

杂的工作，必须采取一套科学的补贴管理办法，切实加强对财政补贴工作的领导。

1. 强化农业部门和县乡村基层组织的权力职责。一是明确和强化农业部门的职能，切实加强对财政补贴资金的规范管理，解决农业补贴多头管理问题。凡是与农业有关的资金，应赋予农业部门相应的整合、集中、协调权力，以集中财力办大事。各级农业部门自身要转变观念，主动作为，把主要精力从催耕催种转移到落实各种扶持政策措施上来，切实加强财政补贴项目的落实。同时，要强化科技、金融部门与家庭农场、种养大户、农业企业等新型农业生产经营主体的对接工作，促进科技、资金、信息等生产要素向粮食生产的聚合，形成支持粮食生产发展的乘数效应。二是赋予县、乡政府统筹项目资金的权力，允许以县为平台，按照"渠道不乱、用途不变、优势互补、形成合力、统筹安排、各记其功"的方式，把粮食生产补贴、农田水利建设、生态环境建设、新农村建设等相关支农项目资金整合起来，集中投向。根据农村建设长期发展规划，在时间上和空间上统筹安排项目建设，系统集成建设内容，统一安排支农资金。对发改、财政、水利、交通、农业等部门管理的乡村道路、农田水利、生产补贴等方面的项目资金，在年度计划申报时，协调衔接，依据上级要求和农村建设规划，统一安排支农资金。三是大力支持村级组织、专业合作社、种养大户、家庭农场等新型生产经营主体申报实施各类财政补贴项目。

2. 探索建立"政府出资，市场运作"的新型财政资金运作模式。切实改变过去财政补贴过多直接投入生产的做法，加快将财政资金从一般竞争性领域退出来，更多地依法、依规采用补助、贴息、奖励、担保、保险、物资援助、风险补偿、减免税费、购买服务等政策工具和激励措施，支持农村公共产品和服务建设，引导并刺激银行信贷资金、外资、民间工商资本等投入农业，以提高农业投资的吸引力，调动更多的社会资金投入农业，提高财政资金使用效益。

3. 积极推行财政对农户直接补贴的公示制度。对补贴农户的良种补贴、农机具补贴、种粮直接补贴、农资综合补贴等补贴资金要求进行全方位公示，发挥新闻媒体和广大农民直接监督的作用，使老百姓真正得到实惠。

4. 建立健全农业补贴法规。建立农业财政补贴法规，把对农业的支持纳入法制管理的轨道是规范农业财政补贴的最终办法。要学习美国等发达国家的经验，尽早出台《农业补贴法》等相关的法律法规，从法律层面明确对农业的财政补贴项目、补贴金额、补贴条件和资金使用要求等，使财政对农业的补贴成为一项长期和稳定的制度，从而推动财政农业补贴各项措施的落实到位。

**延伸阅读**

## 2013年国家支持粮食增产农民增收的补贴政策

1. 党中央、国务院对今年农业农村工作的总体要求

2013年党中央、国务院对农业农村工作的总体要求是：全面贯彻党的十八大精神，以邓小平理论、"三个代表"重要思想、科学发展观为指导，落实"四化同步"的战略部署，按照保供增收惠民生、改革创新添活力的工作目标，加大农村改革力度、政策扶持力度、科技驱动力度，围绕现代农业建设，充分发挥农村基本经营制度的优越性，着力构建集约化、专业化、组织化、社会化相结合的新型农业经营体系，进一步解放和发展农村社会生产力，巩固和发展农业农村大好形势。

根据预算安排，2013年中央财政安排对农民的粮食直补、农资综合补贴、良种补贴、农机购置补贴等共支出约2 000亿元。

2. 种粮农民直接补贴政策

2013年，中央财政将继续实行种粮农民直接补贴，安排151亿元，补贴资金原则上要求发放到从事粮食生产的农民，具体由各省级人民政府根据实际情况确定。

3. 农资综合补贴政策

农资综合补贴按照动态调整制度，根据化肥、柴油等农资价格变动，遵循"价补统筹、动态调整、只增不减"的原则及时安排和增加补贴资金，合理弥补种粮农民增加的农业生产资料成本。为支持做好2013年春耕备耕工作，1月份，中央财政已向各省（区、市）预拨农资综合补贴资金1 071亿元，并要求通过"一卡通"或"一折通"兑付到种粮农民手中。

4. 良种补贴政策

2013 年，良种补贴政策对水稻、小麦、玉米、棉花、东北和内蒙古的大豆、长江流域 10 个省市和河南信阳、陕西汉中和安康地区的冬油菜、藏区青稞实行全覆盖，并对马铃薯和花生在主产区开展试点。小麦、玉米、大豆、油菜、青稞每亩补贴 10 元。其中，新疆地区的小麦良种补贴 15 元；水稻、棉花每亩补贴 15 元；马铃薯微型薯每粒补贴 0.1 元，一、二级种薯每亩补贴 100 元；花生良种繁育每亩补贴 50 元、大田生产每亩补贴 10 元。水稻、玉米、油菜补贴采取现金直接补贴方式，小麦、大豆、棉花可采取现金直接补贴或差价购种补贴方式，具体由各省按照简单便民的原则自行确定。

5. 农机购置补贴政策

2013 年农机购置补贴范围继续覆盖全国所有农牧业县（场），补贴机具种类涵盖 12 大类 48 个小类 175 个品目，在此基础上各地最多可再自行增加 30 个品目。中央财政农机购置补贴资金实行定额补贴，即同一种类、同一档次农业机械在省域内实行统一的补贴标准。一般机具单机补贴限额不超过 5 万元；挤奶机械、烘干机单机补贴限额可提高到 12 万元；100 马力[①]以上大型拖拉机、高性能青饲料收获机、大型免耕播种机、大型联合收割机、水稻大型浸种催芽程控设备单机补贴限额可提高到 15 万元；200 马力以上拖拉机单机补贴限额可提高到 25 万元；甘蔗收获机单机补贴限额可提高到 20 万元，广西壮族自治区可提高到 25 万元；大型棉花采摘机单机补贴限额可提高到 30 万元，新疆维吾尔自治区和新疆生产建设兵团可提高到 40 万元。不允许对省内外企业生产的同类产品实行差别对待。

6. 扶持专业大户、家庭农场和农民合作社等新型经营主体政策

国家将加大对专业大户、家庭农场和农民合作社等新型农业经营主体的支持力度，实行新增补贴向专业大户、家庭农场和农民合作社倾斜政策。鼓励和支持承包土地向专业大户、家庭农场、农民合作社流转，发展多种形式的适度规模经营。鼓励有条件的地方建立家庭农场登记制度，明确认定标准、登记办法、扶持政策。探索开展家庭农场统计和家庭农场经营者培训工作。推动相关部门采取奖励补助等多种办法，扶持家庭农场健康发展。

7. 提高小麦、水稻最低收购价政策

---

① 1 马力=735 瓦特。

为保护农民种粮积极性，促进粮食生产发展，国家继续在粮食主产区实行最低收购价政策，并适当提高2013年粮食最低收购价水平。2013年生产的小麦（三等）最低收购价提高到每50千克112元，比2012年提高10元，提价幅度为9.8%；2013年生产的早籼稻（三等，下同）、中晚籼稻和粳稻最低收购价格分别提高到每50千克132元、135元和150元，比2012年分别提高12元、10元和10元，提价幅度分别为10.0%、8.0%和7.1%。

8. 产粮（油）大县奖励政策

为改善和增强产粮大县财力状况，调动地方政府重农抓粮的积极性，2005年中央财政出台了产粮大县奖励政策。2012年，中央财政安排产粮（油）大县奖励资金280亿元，并按照建立完善动态奖励机制的要求，财政部对奖励办法进行了适当调整和完善，依据近年全国各县级行政单位粮食生产情况，重新测算了入围奖励县。对常规产粮大县，主要依据2006—2010年五年平均粮食产量大于4亿斤，且商品量（扣除口粮、饲料粮、种子用粮测算）大于1 000万斤来确定；对虽未达到上述标准，但在主产区产量或商品量列前15位，非主产区列前5位的县也可纳入奖励；上述两项标准外，每个省份还可以确定1个生产潜力大、对地区粮食安全贡献突出的县纳入奖励范围。在常规产粮大县奖励基础上，中央财政对2006—2010年五年平均粮食产量或商品量分别列全国100名的产粮大县，作为超级产粮大县给予重点奖励。奖励资金继续采用因素法分配，粮食商品量、产量和播种面积权重分别为60%、20%、20%，常规产粮大县奖励资金与省级财力状况挂钩，不同地区采用不同的奖励系数，产粮大县奖励资金由中央财政测算分配到县，常规产粮大县奖励标准为500万～8 000万元，奖励资金作为一般性转移支付，由县级人民政府统筹使用，超级产粮大县奖励资金用于扶持粮食生产和产业发展。在奖励产粮大县的同时，中央财政对13个粮食主产区的前5位超级产粮大省给予重点奖励，其余给予适当奖励，奖励资金由省级财政用于支持本省粮食生产和产业发展。

产油大县奖励由省级人民政府按照"突出重点品种、奖励重点县（市）"的原则确定，中央财政根据2008—2010年分省分品种油料（含油料作物、大豆、棉籽、油茶籽）产量及折油脂比率，测算各省（区、市）三年平均油脂产量，作为奖励因素；油菜籽增加奖励系数20%，大豆已纳入产粮大县奖励的继续予以奖励；入围县享受奖励资金不得低于100万元，奖励资金全部用于扶持油料生产和产业发展。

2013年，中央财政将继续加大产粮（油）大县奖励力度。

9. 生猪大县奖励政策

2012年中央财政安排奖励资金35亿元，专项用于发展生猪生产，具体包括规模化生猪养猪户（场）猪舍改造、良种引进、粪污处理的支出，生猪养殖大户购买公猪、母猪、仔猪和饲料等的贷款贴息和保险保费补助支出，生猪流通和加工方面的贷款贴息支出，生猪防疫服务费用支出等。奖励资金按照"引导生产、多调多奖、直拨到县、专项使用"的原则，依据生猪调出量、出栏量和存栏量权重分别为50%、25%、25%进行测算。2013年中央财政继续实施生猪调出大县奖励。

10. 畜牧良种补贴政策

为推动家畜品种改良，提高家畜生产水平，带动养殖户增收，从2005年开始，国家实施畜牧良种补贴政策，2012年畜牧良种补贴资金12亿元，主要用于对项目省养殖场（户）购买优质种猪（牛）精液或者种公羊、牦牛种公牛给予价格补贴。生猪良种补贴标准为每头能繁母猪40元；奶牛良种补贴标准为荷斯坦牛、娟姗牛、奶水牛每头能繁母牛30元，其他品种每头能繁母牛20元；肉牛良种补贴标准为每头能繁母牛10元；羊良种补贴标准为每只种公羊800元；牦牛种公牛补贴标准为每头种公牛2 000元。2013年国家将继续实施畜牧良种补贴政策。

11. 畜牧标准化规模养殖支持政策

发展畜禽标准化规模养殖，是加快畜牧业生产方式转变、建设现代畜牧业的重要抓手。从2007年开始，中央财政每年安排25亿元在全国范围内支持生猪标准化规模养殖场（小区）建设；2008年中央财政安排2亿元资金支持奶牛标准化规模养殖小区（场）建设，2009年开始中央资金增加到5亿元；2012年中央财政新增1亿元支持内蒙古、四川、西藏、甘肃、青海、宁夏、新疆以及新疆生产建设兵团肉牛肉羊标准化规模养殖场（小区）开展改扩建。支持资金主要用于养殖场（小区）水电路改造、粪污处理、防疫、挤奶、质量检测等配套设施建设等。2013年国家将继续支持畜禽标准化规模养殖。

12. 渔业柴油补贴政策

渔业油价补助是党中央、国务院出台的一项重要的支渔惠渔政策，也是目前国家对渔业最大的一项扶持政策。根据《渔业成品油价格补助专项资金管理暂行办法》规定，渔业油价补助对象包括：符合条件且依法从事国内海洋捕捞、远洋渔业、内陆捕捞及水产养殖并使用机动渔船的渔民和渔业企业。2012年落实渔业柴油补贴资金239.97亿元，2013年将继续实施这项补贴政策。

13. 农业防灾减灾稳产增产关键技术补助政策

2012年，中央财政安排资金61亿元，全面启动了农业防灾减灾稳产增产关键技术补助政策，通过补贴鼓励农民大面积应用实践证明能够有效预防和减轻灾害损失、促进粮食稳产增产的重大技术。主要包括：在小麦主产区全面实行"一喷三防"补助，在东北地区实施水稻大棚育秧补助，在南方早稻主要产区实施早稻集中育秧补助，在东北启动抗旱"坐水种"补助，在西南实行玉米地膜覆盖种植补助，在西北地区推广全膜覆盖沟播种植和膜下滴灌补助，在粮食主产区实行农作物病虫害专业化统防统治补助等。2013年，中央财政将继续加大相关补贴力度，积极推动实际效果显著的关键技术补贴常态化。

14. 动物防疫补助政策

当前，我国动物防疫补助政策主要包括：重大动物疫病强制免疫补助政策，国家对高致病性禽流感、口蹄疫、高致病性猪蓝耳病、猪瘟、小反刍兽疫（限西藏、新疆和新疆生产建设兵团）等重大动物疫病实行强制免疫政策；强制免疫疫苗由省级畜牧兽医主管部门会同省级财政部门进行政府招标采购，兽医部门逐级免费发放给养殖场（户）；疫苗经费由中央财政和地方财政共同按比例分担，养殖场（户）无需支付强制免疫疫苗费用。畜禽疫病扑杀补助政策，国家对高致病性禽流感、口蹄疫、高致病性猪蓝耳病、小反刍兽疫发病动物及同群动物和布病、结核病阳性奶牛实施强制扑杀；对因重大动物疫病扑杀畜禽给养殖者造成的损失予以补助，补助经费由中央财政和地方财政共同承担。基层动物防疫工作补助政策，补助经费用于对村级防疫员承担的为畜禽实施强制免疫等基层动物防疫工作经费的劳务补助，2012年中央财政投入7.8亿元补助经费。养殖环节病死猪无害化处理补助政策，国家对年出栏生猪 50 头以上，对养殖环节病死猪进行无害化处理的生猪规模化养殖场（小区），给予每头 80 元的无害化处理费用补助，补助经费由中央和地方财政共同承担。2013 年，中央财政将继续实施动物防疫补助政策。

15. 国家现代农业示范区建设政策

加大对现代农业示范区的政策扶持力度，鼓励示范区积极创新农业经营体制机制，努力为现代农业建设注入新的生机和活力。一是选择 20 个左右的示范区开展农业改革与建设试点，着力破解经营规模小、投入分散、融资难、保险发展滞后等制约瓶颈，探索构建集约化、专业化、组织化、社会化相结合的农村新型经营体系。二是对示范区实施"以奖代补"政策，对投入整合力度大、创新举措实、合作组织发展好、主导产业提升和农民增收明显的试点示范区给予 1 000 万元左右的奖励。三是扩大中央预算内投资规模，支持示范区建设旱涝保收标准农田 50 万亩以上。四是协调加大对示范区的金融支持力度，支持示范区与开发银行合作开展金融创新试点，健全农业融资服务体系，创新农业金融产品，力争今年开发性金融对示范区建设的贷款余额不低于 100 亿元。

16. 深入推进粮棉油糖高产创建政策

高产创建是促进大面积均衡增产的重大举措，是科技增粮、科学防灾减灾的重要途径。2012 年，中央财政安排专项资金 20 亿元，在全国建设 12 500 个万亩示范片，并选择 5 个市（地）、50 个县（市）、600 个乡（镇）开展整建制推进高产创建试点。2013 年，国家将继续扩大粮棉油糖高产创建规模，在重点产区实行整建制推进，集成推广区域性、标准化高产高效模式。

17. 测土配方施肥补助政策

2012 年，中央财政安排测土配方施肥专项资金 7 亿元，加快测土配方施肥技术推广普及，扩大配方肥推广应用，推进科学施肥技术进村入户到田。2013 年，将深入实施测土配方施肥，计划免费为 1.9 亿农户提供测土配方施肥指导服务，推广测土配方施肥技术 14 亿亩，力争实现示范区亩均节本增效 30 元以上。

18. 土壤有机质提升补助政策

2012 年，中央财政安排专项资金 8 亿元，通过技术物资补贴方式，鼓励和支持农民应用土壤改良、地力培肥技术，促进秸秆等有机肥资源转化利用，减少污染，改善农业生态环境，提升耕地质量。2013 年将继续实施土壤有机质提升补助政策，支持推广应用秸秆还田腐熟、地力培肥综合配套技术，建立绿肥种植示范区。

19. 农作物病虫害防控补助政策

2012 年中央财政安排农作物病虫害防治补助资金 5 亿元，对水稻重大病虫害、小麦条锈病、蝗虫、玉米黏虫防控进行补助。为有效应对农作物重大病虫害多发重发态势，国家将不断加强农作物重大病虫害监测预警与联防联控能力建设，支持开展农作物病虫害专业化统防统治。2013 年国家将继续实施农作物病虫害防控补助政策。

20. 农产品产地初加工扶持政策

为解决农产品产后损失严重、质量安全隐患突出等问题，2012 年农业部和财政部共同启动实施农产品产地初加工补助项目。中央财政安排 5 亿元转移支付资金，采取"先建后补"方式，按照不超过单个设施平均建设造价 30% 的标准实行全国统一定额补助，扶持马铃薯、苹果等农产品主产区农户和专业合作社建设贮藏窖、贮藏库和烘房等三类共 18 种规格的设施。项目实施区域为河北、内蒙古、辽宁、吉林、河南、四川、云南、陕西、甘肃、宁夏、新疆等 11 个省区及新疆生产建设兵团的重点县市（团场）。2013 年将继续实施农产品产地初加工补助项目。

21. 鲜活农产品运输绿色通道政策

为推进全国鲜活农产品市场供应，降低流通费用，全国所有收费公路（含收费的独立桥梁、隧道）全部纳入鲜活农产品运输"绿色通道"网络范围，对整车合法装载运输鲜活农产品车辆免收车辆通行费。纳入鲜活农产品运输"绿色通道"网络的公路收费站点，要开辟"绿色通道"专用道口，设置"绿色通道"专用标识标志，引导鲜活农产品运输车辆优先快速通过。鲜活农产品品种范围，新鲜蔬菜包括 11 类 66 个品种、新鲜水果包括 7 类 42 个品种、鲜活水产品包括 8 个品种、活的畜禽包括 3 类 11 个品种、新鲜的肉蛋奶包括 7 个品种，以及马铃薯、甘薯（红薯、白薯、山药、芋头）、鲜玉米、鲜花生。"整车合法装载"认定标准，对《鲜活农产品品种目录》范围内的不同鲜活农产品混装的车辆，认定为整车合法装载鲜活农产品。对目录范围内的鲜活农产品与目录范围外的其他农产品混装，且混装的其他农产品不超过车辆核定载质量或车厢容积20％的车辆，比照整车装载鲜活农产品车辆执行，对超限超载幅度不超过5％的鲜活农产品运输车辆，比照合法装载车辆执行。

22. 生鲜农产品流通环节税费减免政策

为促进物流业健康发展，切实减轻物流企业税收负担，免征蔬菜流通环节增值税。蔬菜是指可作副食的草本、木本植物，经挑选、清洗、切分、晾晒、包装、脱水、冷藏、冷冻等工序加工的蔬菜，属于蔬菜范围。各种蔬菜罐头，指蔬菜经处理、装罐、密封、杀菌或无菌包装而制成的食品，不属于所述蔬菜的范围。2013年1月11日下发的《国务院办公厅关于印发降低流通费用提高流通效率综合工作方案的通知》（国办发〔2013〕5号）要求，继续对鲜活农产品实施从生产到消费的全环节低税收政策，将免征蔬菜流通环节增值税政策扩大到部分鲜活肉蛋产品。

23. 草原生态保护补助奖励政策

为加强草原生态保护，保障牛羊肉等特色畜产品供给，促进牧民增收，从2011年起，国家在内蒙古、新疆、西藏、青海、四川、甘肃、宁夏和云南等8个主要草原牧区省（区）和新疆生产建设兵团投入中央财政资金136亿元，全面建立草原生态保护补助奖励机制。内容主要包括：实施禁牧补助，对生存环境非常恶劣、草场严重退化、不宜放牧的草原，实行禁牧封育，中央财政按照每亩每年6元的测算标准对牧民给予补助，初步确定5年为一个补助周期；实施草畜平衡奖励，对禁牧区域以外的可利用草原，在核定合理载畜量的基础上，中央财政对未超载的牧民按照每亩每年1.5元的测算标准给予草畜平衡奖励；给予牧民生产性补贴，包括畜牧良种补贴、牧草良种补贴（每年每亩10元）和每户牧民每年500元的生产资料综合补贴。2012年，草原生态保护补助奖励政策资金增加到150亿元，实施范围扩大到山西、河北、黑龙江、辽宁、吉林等5省和黑龙江农垦总局的牧区半牧区县，全国13省（区）所有牧区半牧区县全部纳入政策实施范围内。2013年国家将继续在13个省（区）牧区半牧区县实施草原生态保护补助奖励政策。

24. 渔业资源保护补助政策

2012年落实渔业资源保护与转产转业转移支付项目资金4亿元，其中用于水生生物增殖放流 30 600 万元，海洋牧场示范区建设 8 970 万元，减船转产 430 万元。2013 年该项目将继续实施。

25. "菜篮子"产品生产扶持政策

为支持"菜篮子"产品生产，2012 年中央财政安排 8 亿元补助资金，支持 2 067 个畜禽养殖场进行标准化改造，其中生猪养殖场 576 个，蛋鸡养殖场 477 个，肉鸡养殖场 227 个，肉牛养殖场 347 个，肉羊养殖场 440 个。安排 5 亿元补助资金，支持 800 个蔬菜、140 个水果、60 个茶叶标准园创建，推进标准化生产。安排 2 亿元补贴资金，支持 26 个省共 756 个水产健康养殖示范场，平均每个验收合格的示范场补助资金 25 万元。2013 年将继续扩大创建规模，在支持新建标准园基础上，加强集中连片标准化生产示范区建设，并在北方选择冬春蔬菜自给率低、人口多、产业基础好的城市，开展北方城市冬季设施蔬菜开发试点工程。同时，中央财政对"菜篮子"工程畜牧水产类项目建设也将继续予以支持。

26. 农村沼气建设政策

2013 年，在尊重农民意愿和需求的前提下，优先在丘陵山区、老少边穷和集中供气无法覆盖的地区，因地制宜发展户用沼气，进一步强化服务网点建设，提高服务能力。在农户集中居住、新农村建设等地区，建设村级沼气集中供气站。大中型沼气工程要打破沼气工程与养殖场（养殖小区）、发酵原料与畜禽粪便的"两个捆绑"，加大规模化沼气生产厂的建设力度，鼓励和引导社会力量参与建设和运营。

27. 基层农技推广体系建设政策

2012 年中央投入建设基层农技推广体系项目，支持 29 个省（区、市）和 3 个计划单列市及新疆生产建设兵团的 20 685 个乡镇农技推广机构加强条件建设。截至 2012 年底，累计落实中央投资 50 亿元，基本实现西部地区乡镇条件建设全覆盖、中东部地区乡镇仪器设备"全覆盖"。2013 年继续支持东中部地区乡镇农技推广机构建设业务用房，推动实现东中部地区乡镇条件建设"全覆盖"，使全国基层农技推广机构工作有场所、服务有手段、下乡有工具目标。

28. 基层农技推广体系改革与示范县建设政策

2009 年，国家启动实施"基层农技推广体系改革与建设示范县项目"，至 2012 年底中央财政累计安排资金 49.7 亿元，支持 3 355 个县开展了农技推广工作经费补贴试点。2012 年中央财政投入 26 亿元在全国 31 个省（区、市）的 2 555 个农业县（市、区、团、场）实施"全国基层农技推广体系改革与建设补助项目"，基本覆盖全国所有农业县，全力支撑基层农技推广体系改革与建设，全面推进农业科技进村入户。2013 年中央财政将继续稳定支持该项目并适当增加经费。

29. 基层农技推广体系特岗计划

2013 年，继续通过公开招聘高校农科大学生到乡镇从事农业技术推广、动植物疫病防控、农产品质量安全服务等工作，创新基层农技推广机构人员补充机制，在乡镇设置农业公共服务特设岗位（特岗农技人员），积极落实特岗农技人员的工资待遇、社会保障、学费补偿、事业单位优先录用等优惠政策，逐步解决基层农技推广队伍老化、专业素质不高的问题。

30. 阳光工程

2013 年国家将继续组织实施农村劳动力培训阳光工程，以提升综合素质和生产经营技能为主要目标，对务农农民免费开展专项技术培训、职业技能培训和创业培训。阳光工程由各级农业主管部门组织实施，农广校、农业专业技术推广机构、农机校、农业职业院校等机构承担具体培训工作。

31. 现代农业人才支撑计划

2013 年将继续从五个方面加快培养现代农业和新农村建设急需的农业农村人才。一是对首批遴选的 150 名农业科研杰出人才及其创新团队给予专项经费资助，支持他们开展自主选题、学术交流、学习培训等。二是依托基层农技推广体系改革与建设示范县项目，扶持培养有突出贡献的农业技术推广人才，组织他们到高等农业院校、科研院所、大型农业企业学习和研修。三是依托阳光工程，遴选 3 000 名农业产业化龙头企业和农民专业合作组织负责人，采取学习培训、研讨交流、参观考察、观摩展示等方式开展培训。四是依托阳光工程，选拔扶持 7 000 名自主发展基础好、示范带动能力强的农村生产能手，开展特点鲜明、针对性强的培训工作，提高带领群众共同致富的能力。五是依托阳光工程，在农产品主产区重点培养 3 000 名农村经纪人，就近培训、规范管理、统一发证，造就一支业务精、能力强的农村经纪人队伍。

**32. 培育新型职业农民政策**

2012年中央1号文件明确提出"大力培育新型职业农民"。2013年，农业部将在全国开展新型职业农民培育试点，在全国选择100个县，每个县选择2~3个主导产业，重点面向种养大户等，通过教育培训、认定登记、政策扶持等措施，吸引和培养造就大批高素质农业生产经营者，支撑现代农业发展，确保农业发展后继有人。

**33. 培育农村实用人才政策**

2013年国家将加大农村实用人才培养力度。扩大农村实用人才带头人和大学生村官示范培训规模，依托农业部农村实用人才培训基地和省级培训基地举办100期农村实用人才带头人和大学生村官培训班，通过专家讲座、参观考察、经验交流等方式，全年培训8 000名农村基层组织负责人、农民专业合作组织负责人和2 000名大学生村官。积极吸引社会力量扶持农村实用人才创业，继续实施"百名农业科教兴村杰出带头人项目"，选拔33名杰出农村实用人才，每人给予5万元的资金资助。

**34. 完善农业保险保费补贴政策**

2013年中央提出要继续完善农业保险保费补贴政策。一是增加农业保险品种。自2007年中央开展农业保险保费补贴试点以来，保费补贴品种持续增加，目前中央财政提供保费补贴的品种有玉米、水稻、小麦、棉花、马铃薯、油料作物、糖料作物、能繁母猪、奶牛、育肥猪、天然橡胶、森林、青稞、藏系羊、牦牛等，共计15个。一些经济发展水平比较高的地方，还增加保费补贴品种，由地方财政对特色农业保险给予保费补贴。2013年，国家将开展农作物制种、渔业、农机、农房保险和重点国有林区森林保险保费补贴试点，增加农业保险品种。二是加大对中西部地区、生产大县农业保险保费补贴力度，适当提高部分险种的保费补贴比例。对于种植业保险，中央财政对中西部省份补贴保费的40%，对东部沿海省份补贴保费的35%。2013年中央提出要加大对中西部地区和生产大县农业保险保费补贴力度，适当提高部分险种的保费补贴比例。三是推进建立财政支持的农业保险大灾风险分散机制。

**35. 村级公益事业一事一议财政奖补政策**

村级公益事业一事一议财政奖补，是对村民一事一议筹资筹劳建设项目进行奖励或者补助的政策。奖补范围主要包括农民直接受益的村内小型水利设施、村内道路、田间道路、环卫设施、植树造林等公益事业建设，优先解决群众最需要、见效最快的村内道路硬化、村容村貌改造等公益事业建设项目。一事一议财政奖补资金主要由中央和省级以及有条件的市、县财政安排，财政奖补既可以是资金奖励，也可以是实物补助；财政奖补坚持普惠制与特惠制相结合，奖补资金占项目总投资的比例可以由各地结合实际自主确定。中央财政2012年安排奖补资金218亿元，2013年将进一步健全村级公益事业财政奖补机制，继续扩大财政奖补资金规模，促进村级公益事业健康发展。

36. 扩大新型农村社会养老保险试点政策

新型农村社会养老保险制度从2009年起在全国部分县（市）试点，2012年在全国基本实现了全覆盖。目前，参保人数达4.28亿人，领取养老金人数1.17亿人。2013年将进一步建立科学合理的保障水平调整机制，研究城乡养老保险制度衔接政策。政策规定是，年满16周岁（不含在校学生）、未参加城镇职工基本养老保险的农村居民均可在户籍地自愿参加新农保。年满60周岁、符合相关条件的参保农民可领取养老金。参保人每年缴费设100~500元5个档次，地方政府可根据实际需要增设档次，由参保人根据自身情况自主选择。政府对符合领取条件的参保人全额支付基础养老金。目前，国务院制定的基础养老金低限标准为每人每月55元，地方政府视财力状况可提高标准。地方政府对参保人缴费给予补贴，补贴标准为每人每年30~80元。国家为每个参保人建立终身个人账户，个人缴费、集体补助、其他组织和个人对参保人缴费的资助、地方政府对参保人的缴费补贴全部记入个人账户。养老金待遇由基础养老金和个人账户养老金组成，支付终身。

37. 完善新型农村合作医疗制度

新型农村合作医疗制度，是由政府组织、引导、支持，农民自愿参加，个人、集体和政府多方筹资，以大病统筹为主的农民医疗互助共济制度，采取个人缴费、集体扶持和政府资助的方式筹集资金。该制度从2003年起在全国部分县（市）试点，2008年在全国基本实现了全覆盖。

2012 年，新农合财政补助标准为 240 元。2013 年新农合政府补助标准将提高到每人每年 280 元，人均筹资水平达到 340 元，政策范围内住院费用报销比例保持在 75%，最高支付限额提高到 8 万元；门诊统筹的报销比例进一步提高，人均门诊统筹基金不低于 60 元，并将全面推开儿童白血病等 20 个病种纳入合作医疗保障工作。

38. 农村、农垦危房改造政策

农村危房改造和农垦危房改造是国家保障性安居工程的组成部分。农村危房改造于 2008 年开始试点，2012 年实现全国农村地区全覆盖，5 年累计支持 1 033.4 万贫困户实施危房改造。2013 年国家将继续加大农村危房改造力度，完善政策措施，加快改善广大农村困难群众住房条件，计划完成农村危房改造任务 300 万户左右。

农垦危房改造于 2008 年开始启动，2011 年扩大到全国垦区。截至 2012 年底，国家累计安排农垦危房改造任务 126.3 万户，下达农垦危房改造和配套基础设施建设中央投资 114.3 亿元。2013 年国家将继续实施农垦危房改造项目，拟按照东、中、西部垦区每户补助 6 500 元、7 500 元、9 000 元的标准，改造农垦危房 37.05 万户；同时按人均 1 200 元补助标准，支持建设农垦危房改造供热等配套基础设施。

39. 农村改革试验区政策

2011 年底，农业部会同中央有关部门，并报请中央农村工作领导小组批准，共安排 24 个农村改革试验区围绕稳定和完善农村基本经营制度、改革农村产权制度、完善农业支持保护制度、建立现代农村金融制度、建立促进城乡经济社会发展一体化制度、健全农村民主管理制度等六大制度建设，分别承担相关改革试验任务，以改革促进农业农村经济发展。2013 年中央 1 号文件明确要求，尊重农民首创精神，鼓励各地积极探索、勇于改革、大胆创新，做好农村改革试验区工作，及时总结推广各地成功经验。

（引自农业部产业政策与法规司，2013 年 3 月 20 日）

# 参 考 文 献

[1] 朱启臻，赵晨鸣. 农民为什么离开土地 [M]. 北京：人民日报出版社，2011.

[2] 张路雄. 耕者有其田 [M]. 北京：中国政法大学出版社，2012.

[3] 孔祥智. 中国农业社会化服务——基于供给和需求的研究 [M]. 北京：中国人民大学出版社，2009.

[4] 张振武. 防控粮食被金融化风险需给力农业组织体系 [M]. 科技日报，2011 - 05 - 07.

[5] 陈锡文. 构建新型农业经营体系列不容缓 [J]. 求是，2013 (22).

[6] 徐涌，戴国宝. 我国新型职业农民培育问题与对策研究 [J]. 成人教育，2013 (5).

[7] 李一平. 农业生产性服务业发展的难点与对策 [J]. 中国乡村发现，2012 (秋之号).

[8] 舒坤良. 农机服务组织形成与发展问题研究 [M]. 北京：中国农业出版社，2011.

[9] 范素琴，彭安玲. 湖南农村基础设施建设研究 [OL]. 湖南国调信息网，2010.

[10] 康泉. 农村金融市场存在的主要问题及对策 [N]. 经济参考报，2012 - 15 - 14.

[11] 吴娟，王雅鹏. 我国粮食储备调控体系的现状与完善对策 [J]. 农业现代化研究，2011 (3).

[12] 丁友平，严德荣，姚金华，聂建刚. 关于发展家庭农场的调研思考 [J]. 农业政策调研，2013 (1).

[13] 中国保监会. 落实强农惠农政策部署 2011 年农业保险工作 [OL]. 中央政府门户网站，http://www.gov.cn/gzdt/2011 - 04/11/content_ 1841828. htm.

[14] 巴曙松. 借鉴国际先进经验推动中国农业保险风险管理创新 [N]. 中国保险报，2012 - 10 - 25.

[15] 侯石安. 农业补贴政策运行面临的问题与完善对策 [OL]. 中国改革论坛网，2013 - 08 - 29.

[16] 袁隆平. 粮价政策要做根本性改革 [OL]. 中国政协网，http://www.cppcc.gov.cn/zxww/2012/03/22/ARTI1332377211272399. shtml.

[17] 国家统计局. 关于 2012 年粮食产量数据的公告 [OL]. 中国政府门户网站，http://www.gov.cn/zwgk/2012 - 11 - 30/content_ 2279385. htm.

# 后　记

　　当我在键盘上敲下本书最后一个字符，一种似农夫收获稻谷、母亲生下婴儿、考生交上答卷般的欣慰和喜悦之情油然而生。之前一切的辛苦、困惑和无以言表的孤独，顷刻间化作一股云烟，消失得影踪全无，剩下的只有对未来无尽的思索和任人评说的期待。

　　我是一个农民的儿子，在农村出生长大。18 岁那年我怀着"当一名农场主、享受美丽的田园风光"梦想，考入中国农业的最高学府——北京农业大学农学专业学习。之后毕业分配到湖南省农业厅粮油生产处工作，后来又调入湖南省植保植检站工作至今。虽然没有当上农场主，但我一直与"三农"打交道，与农业、农村、农民结下了不解之缘；虽然从事的主要是粮油、植保等业务技术工作，但我一直对农业经营管理和"三农"理论及国家宏观经济政策等十分感兴趣。每次下乡调研督查工作，我除了完成本职工作任务以外，还忘不了对"三农"方面的新情况、新动向等进行调研和思考。特别是近几年，每当我看到农村成片的田土荒芜，在田间劳作的基本上是 60 岁以上的老人，村庄里几乎看不到青壮劳力时，我不禁为中国农业的现状和未来而担忧……于是，产生了编写《明天，谁来种粮?》这本书的想法，目的是试图系统深入探讨在城市化、工业化、老龄化背景下，我国未来农业特别是粮食生产的合适发展路径和各种政策保障措施。但当我开始真正进入本书编写后，我蓦然发现要完成这样一本涉及范围广泛、立意和影响深远的"三农"著作，对于一个只有农业技术专业背景、同时还要完成大量本职工作的我来说，真正是一件十足的"苦差事"，夸张一点说，简直就是一场与自己意志力较量的旷日持久的搏斗。特别是越深入到后期，我越感到力不从心，几次差点放弃。但我还是坚持了下来，最终完成了本书的编写和出版。我自己都有点佩服自己怎么会有如此大的毅力和动力。我想，这或许是因为自己参加工作二十余年来一直"心系三农，身耕农业"的一种情愫使然吧。

　　现在，这本稚嫩的小册子已经摆在大家的面前。我不指望它能给读者带来多少启发和指导意义，但如果能引起政界、学界和产业界的有识之士对中国现代农业特别是粮食生产路径进行深入思考与高度关注，那我就十分心满意足了。因为，作为一个拥有13亿多人口的大国，如果对农业特别是粮食生产中出现的问题不引起足够的重视，做到未雨绸缪，并从根本上解决这些问题，那么，一旦出现粮食危机，谁也帮不了我们这么多要吃饭的中国人！

　　值得欣慰的是，本书出版时，恰逢党的十八届三中全会召开和《中共中央关于全面深化改革的决定》以及2014年中央1号文件发布，本书的一些观点和提法与中央的最新精神完全吻合，预示着未来我国的"三农"工作、城镇化建设和粮食生产即将迎来一个新的改革浪潮。我相信，在中央新的"三农"政策指引下，通过全国上下的锐意改革和开拓进取，我国的粮食生产一定会找到一条持续稳定发展的正确路径，中国人的饭碗一定能够牢牢端在中国人自己手里，而且装的粮食主要产于自己的国度。

　　本书能够顺利编著、出版，要特别感谢"杂交水稻之父"、中国工程院院士袁隆平先生在百忙之中审阅本书并欣然作序；还要感谢著名"三农"问题专家、湖南省农业厅厅长刘宗林先生对本人的极大鼓励与支持，刘先生关于"一手抓生产力发展，一手抓生产关系的调整优化"和"生产力重点抓科技、农业机械、职业农民，生产关系重点抓家庭农场和社会化服务"的现代农业整体工作思路给了我很大的启迪；还有湖南省农机局局长王罗方先生关于"机械化＋合作化＝农业现代化"的精辟论述对本书观点的形成也产生了很大影响。此外，还有笔者工作单位湖南省植保植检站和湖南省农业、粮食、财政、水利、发改委等系统的很多领导、同事和朋友给予我理解、鼓励与支持，以及大量基层农技干部和涉农企业、专业合作社、家庭农场、种养大户等新型农业经营主体的相关负责人，在我对其开展考察和访谈时给我提供了很多宝贵的素材和各方面无私的帮助，在此，一并表示衷心感谢！

　　还有中国农业出版社的领导和编辑老师对本书给予了悉心指导和精心编辑，谨表示衷心感谢！

　　本书还参考引用了大量互联网站、报纸、杂志、书籍、统计资料和各种报告中的文献资料，对主要的引用文献在书中或书末进行了标注，但因本人时间和精力有限，加上编写时间跨度较长，断断续续地将近两年，又经历多次修改和完善，使得某些文献可能无意中被遗漏了，在这里我对被引用文献的专家学者表示感谢！对可能被遗漏的文献作者和有关单位表示歉意！并欢迎与我进行联系。我的电子邮箱是：znylpa@sina.com。

李一平

2014 年 3 月 20 日于长沙